朝日新書
Asahi Shinsho 698

なぜ「それ」が買われるのか？

情報爆発時代に「選ばれる」商品の法則

博報堂買物研究所

JN230934

朝日新聞出版

プロローグ　だから御社は選ばれない

「いいモノ」なのに売れないワケ

ここ最近、買物で何かを選ぶ際に「あー面倒くさい！」と思ったことはないだろうか？

昔は買物を楽しめていたのに、今はなぜかストレスさえ感じてしまう、と。もしあるとしたら、この本はそんなあなたのストレスの原因を解き明かす役に立つ本である。実は、「買物が面倒」と感じているのはあなただけではなく、近年の生活者全体の傾向なのだ。

もしあなたがモノやサービスを売る仕事をしているなら、この本はもっと役に立つだろう。あなたの顧客の多くは、すでに「買物が面倒」と感じ始めているからだ。買物が面倒な時代に「買われる」会社の特徴も変化し始めた。

例えば、ドイツでは18品しか商品を置いていないスーパーマーケットが快進撃をつづけている。日本ではカメラ本体よりもまず写真のプリントを薦めるカメラ店が栃木県のナンバーワン販売店になっている。これはなぜだろう？　本書ではその謎を解き明かしたい。

そして、この謎を解き明かす過程で見えてきたのは、自社の商品やサービスを改善すれば売れる、さらに、その優位性を声高に訴えれば売れる――そんな従来型のマーケティング手法では、「買物が面倒」な今の生活者には通用しない可能性があるということだ。本書では、「買物が面倒」と感じる生活者の実態を徹底解明し、生活者にどうすれば選ばれ、買ってもらえるのか、その理論と具体的方法論を紹介している。販売職、企画営業、マーケター、クリエイター、商品開発ほか、商売にかかわるすべての方のお役に立てる本になったと自負している。

「モノが売れない時代」とかれこれ20年以上も言われている。そんな時、売れない原因をついつい「モノやサービスの値段が高かったり、品質がすぐれていないからだ」と考えることが多くないだろうか？　商品を改善すれば、価格を下げれば、名前やパッケージのデザインを変えれば、もっと売れるのではないか、と。しかし、事態はそう生やさしいものではない。博報堂買物研究所が行った調査からは、いくらいいモノであっても、あふれる情報とモノの中に埋もれて「選べない」つまり「売れない」、そんな現状が見えてきたのだ。

そこには2000年代後半からの買物を取り巻く環境の変化が大きく関係している。

1つ目の変化は「情報爆発」とも呼べる、**「情報の信じられない増加」**である。特にスマートフォン（以下スマホ）が普及してからというもの、人々は24時間いつでもどこでも、止まることのない情報のシャワーにさらされており、ひとたびインターネットで検索すれば大量の商品が目に入ってくるようになった。さらに、デマ情報をあたかも真実のように流布させるフェイクニュースや、宣伝とわからないようにやらせ口コミを発信するステルスマーケティング問題に代表されるように、生活者に降り注ぐ情報の質は玉石混淆《ぎょくせきこんこう》となり、「何を信じればいいのかよくわからない」状況まで生まれている。

このような状況の中で情報やモノを見極めて買物をすることに心的ストレスや時間的コストがかかるようになってしまったのだ。

2つ目の変化は**「買い方の多様化」**である。インターネットの登場で、百貨店やスーパーマーケット、コンビニエンスストアなどリアルな店舗だけでなく、多様な手段での買物が可能になった。アマゾン・楽天などのインターネットショッピングはもちろん、スマホの普及によって新しい買物の方法が次々と生まれている。例えば、ネット上で個人がつながり不要なモノを売り買いするインターネット上の「フリマアプリ」サービスでは、個人がインターネット上でやり取りをして、時に価格の交渉を行いながら、売り買いをする。さらに「ライブコマース」と呼ばれるスマホ上で生中継される動画を見ながらショッピングができるサービスも急拡大。この売り手はSNSで人気を博す「インフルエンサー」と呼ばれる人々だ。彼らが自分が本当におススメできる商品を選んで、ネット上の動画中継を通して売るのだ。中国ではこのサービスを通じて年間50億円も稼ぐインフルエンサーもあらわれた。

これらの新しいサービスは買物体験そのものを楽しくした側面もある。ただ、その一方で、モノを買おうと思った時にどのお店で、どんな買い方をするのがお得なのか、賢いのか、さらには楽しいのかがわかりにくくなり、「迷い」が生じやすくなってしまった。

3つ目の変化は**生活者が「買物」にかけられる労力の減少**だ。今や夫婦共働きは当たり前になり、夫も家事や子育てをすることは当然の時代だ。さらに65歳を過ぎたシニアであっても働いている人も多い。今や、生活者は働く人、家事をする人、子育てをする人、さらに長寿化する社会においては親の介護をする人など、多くの役割を一人でうけもつようになったのである。このような流れの中で「自分にはやらなくてはいけないことがたくさんある」という意識を持つ人は生活者の7割を超えた。一人でやるべきことが多くなった社会で、生活者はかつてのように時間や労力をかけて買物と向かい合う余裕はないのだ。

大量の情報、信用できない情報に惑わされ、モノの選択に迷い、正しい買い方に悩む生活者。さらに「やるべきことの増加」というインパクトもやってきた。この結果、彼らに起きていること、それは**「買物欲はあるのに、買えない」**という新たな現象だ。何かを「欲しい」と思っても、複雑な買物環境の中で買物に「迷い」が生じる。その結果、欲はあるのに買えない。そして、新しい情報が押し寄せ、あわただしく生きる日々の中で、買いたいという「欲求」さえも忘れられていく。

モノ・サービスが売れないのは、消費者ニーズをとらえられていない、価格が高い、品質がいまひとつ、といったことだけが原因なのではない。ある商品やサービスを「欲しい！」と思っても、大量の商品情報や多様な買い方を前にして、何が正しい選択なのかを選べず、迷い、結局「買えない」という原因が新たに生まれているのだ。新しい時代が生み出した新しい「売れない」理由――この時代においてはいくらモノが良くても、情報や買い方の迷いの中で「あー選ぶのが面倒くさい！」とストレスになった時点で選ばれない。選ばれなければ、売れない。

この10年来私たちは自ら情報を調べ、比較検討する「賢い買物」をしてきた。コストパフォーマンスの良い商品を求め、インターネットで効率的に情報を収集し「安くていいモノ」を手に入れる買物スタイルに喜びを見いだしてきたのだ。ところが、あまりに情報が増えすぎ、複雑化した現在では、情報を活用して賢く買物することがむしろ負担になっているのだ。

もはや「賢く」あることに疲弊している生活者はどうするか。ここで注目したいのは、生活者はなるべく買物にかける労力を減らすため、候補となる商品の範囲を「あらかじめ絞る」という新たな買物行動を実践している点だ。

例えば、家電製品を選ぶ際に「家電芸人（Ⓡ吉本興業）がおスス メしたものを買う」というスタイルが少し前に話題になった。近年、家電の高機能化、多様化が進んでいる。10万円を超える炊飯器や、ロボット掃除機、いままでにない高級美容家電などが次々登場。新機能をフォローするだけでも大変なのに、口コミの数も膨大だ。選べない悩みに対して「いま買うべき家電」を面白く、わかりやすくおススメしてくれる家電芸人はヒットする家電の牽引役になった。まさに生活者にとって重要な商品絞り込み機能を果たしているといえよう。

また「旅行」も候補地やツアーの種類が豊富で、選択に迷う商品の一つだろう。そんな中、プロトラベラー（Ⓡミツバチワークス株式会社）という存在がインスタグラム世代の若者から注目されている。プロというだけあり、プロトラベラーは世界各国の国や企業からスポンサードをうけて名所や絶景スポットを回る。彼らはいわゆる「ＳＮＳ映え」するテキスト・写真・動画を作る技術に長けており、見た人が自分も同じ場所を訪れたくなるような写真や動画を現地で撮影し、SNSで投稿し、旅行先の魅力をアピールするのだ。旅行の目的として「SNS映え」する写真や動画を発信することを重視する現代の若者にとって、このような情報を発信するプロトラベラーは旅行の行先を絞り込む上で重要な存在となっている。

このような流れの中で「ブランド」の意味も変化し始めた。かつてファッションの世界のブランドといえば、その世界観に憧れを強く持ち、いつかは手に入れてみたいと思わせ、その購入自体が「目的」となるような存在だった。人々は様々なブランド店を見て回り、商品を吟味し、ワクワクしながら購入していた。しかし本書の元となる研究で実施したインタビューで出会った、ファッションにこだわる男性はそうではなかった。彼の趣味はファッションではあるものの、多くのショップを見て回るようなことはしない。ブランドに強い思い入れを持って「ここでしか買わない」ということもない。「自分の人生のテーマは【効率】。いろいろ見て回るのは非効率だから、ある雑誌に出てくるようなスタイルしかしない」と決めているのだ。彼は洋服が欲しくなるとまずある雑誌に出てくるスタイルを実現するのに便利な数店のブランドショップをまわる。よく行く店舗なので自分の好きなスタイルを店舗スタッフがおススメもしてくれる。そこで買えば目的は達成できる。彼にとってブランドは絶対的な憧れの存在ではなく、あくまで好みのスタイルをするための選択肢の一つに過ぎない。彼はファッション好きにもかかわらず「ある雑誌のスタイルしか着ない、そのスタイルを実現しやすいブランドショップ数店にしかいかない」という買物前の大前提を作ることで、選択肢を絞り込み、買物にかかる労力を省力化していたのである。ブランドはかつてのような絶対的な憧れの存在でなく、膨大な選択肢を絞り込んでくれるツールに過ぎないのだ。

さらに、インフルエンサーやブランドではなく、「機械／AI技術」を絞り込みの手段として活用することも容易になりつつある。スマートフォンを使って自分の顔写真を撮影すると自分の肌の色や、顔の形、眉毛の位置などをアプリが分析し、自分の顔に合った化粧品を絞り込み、提案してくれるというサービスも登場した。個人にあわせてAIが一人ひとりのレベルまで最適化して商品をおススメしてくれるというのは、「絞り込み」の最たるものかもしれない。

こうして見てきたように、最近の生活者はこのような「絞り込み装置」を利用することで、買物にかかる労力を減少させている。情報爆発時代におけるこのような買物行動を我々は「枠内の攻略」と呼ぶことにした。

「枠内の攻略」とは膨大な商品群の中でイチから商品を選ぶのではなく、「あらかじめ品質や好みが自分に合っていて、安心して選べる範囲を決めておき、その中から選ぶことで、選ぶ疲労を極力減らす」買物行動のことだ。この「枠内の攻略」によって、買物にかかる労力は減少し、意思決定はスピーディになるのだ。

もはや生活者は膨大な商品群すべてを見たうえで選んではくれない。買物の入口で生活者それぞれが選択疲れを軽減するために様々な形で設定する「枠」に入らなければ、「選ばれる」スタートラインにさえ立てない。

これまでは、いい商品・サービスを安く届ける「コストパフォーマンス」が重要だった。だが、情報爆発時代のいまは、この「コスト」としてお金だけでなくモノを選ぶ「労力」の比重が急激に高まっている。これからは**「いかに労力をかけずに安心して選べるか」**が購入を大きく左右するのだ。

注意したいのが、生活者は「選ぶ労力をゼロにしたい」と単純に思っているわけではないということだ。生活者は「買物を全部誰かにお任せしたい」のではなく、「イチから選ぶのは面倒くさいけど、選ぶ楽しみも手放したくない」のだ。

したがって、これまで見てきた最近の消費者の傾向を踏まえて企業が取るべき戦略とは何か。それは、「生活者の選ぶ労力を削減しつつ、その人にとって魅力的な商品／サービスばかりに絞られた〈枠〉の中から商品を吟味する楽しみを同時に提供する」仕組みだ。本書ではこれを**「枠づくり」戦略**と名付けた。生活者にとってどれだけ選ぶのをお任せしたいのか、どれだけ選ぶ楽しみにコミットしたいかは、商品によって異なる。習慣的に決め打ちで買うことの多い調味料や洗剤のような商品から、生活が楽しく変わりそう！という期待を込めて選ぶ家電や家具まで幅はある。だから、この「枠」づくりを戦略的に行なうのは言葉で言うほど簡単ではない。

しかし、その提案に成功している企業がすでに出てきている。本書ではいくつかの企業事例を紹介するが、そのすべてが以下の3つの「枠」のどれかにあてはまる。

①「これでいい」として選ばれる商品・サービス（積極的妥協）
②「これがいい」として選ばれる商品・サービス（生活発見を提案する）
③「これしかない」として選ばれる商品・サービス（消費だけでなく参加できる）

もちろん「枠」は他にもあると考えられるが、これら枠づくりに成功した企業／団体に共通する枠づくりの特徴は、単に生活者の選ぶ手間を省力化しているだけでなく、生活者が自分一人では気づくことも、実現することもできなかった生活スタイルを叶えてあげていることだ。

例えば、本書で紹介する「ほけんの窓口」は、保険という比較検討が難しい商品を選ぶ手助けをすることで「安心した暮らし」を叶える。米国の「ローレル&ウルフ」という企業は、自分ではイチから考えるのが難しい「インテリアデザイン」の案をユーザーにお勧めすることで、「おしゃれな生活空間」を叶える。つまり、買物の入口で「生活を変えてくれるかも」という予感やヒントを提示していることである。その戦略を、**「生活欲先導マーケティング」**と名付けた。

「枠内の攻略」と「生活欲先導マーケティング」の二つをみなさんに理解し、実践し、応用してもらうことが、本書のゴールである。

博報堂買物研究所は2003年に設立。過去15年間生活者の買物行動の変化を見つめ、生活者の「買物をしたくなるツボ」を探っては、様々な企業のモノ・サービスを「売る」お手伝いをさせていただいてきた。しかし、ここ最近の研究で見えてきたのは「買物したくなるツボ」ではなく「買物できなくなるツボ」だった。この「買物できなくなるツボ」にどう向かい合い、新たな知恵を生み出すのか？　情報もモノも買い方も増え続けるであろうこれからの時代、モノやサービスを売るマーケティング活動にはこの視点が不可欠だと考えている。

それでは、いまから本書を手に取られたあなたと共に、もう一度「選べる」「選ばれる」ための未来を探しに行こう。

最後までお付き合いいただければ幸いです。

博報堂買物研究所　山本泰士

なぜ「それ」が買われるのか？

情報爆発時代に「選ばれる」商品の法則

目次

第２章

選べない買物の悲劇

美味を実現した「コッホハウス」／「これでいい」は外せないポイントを見抜いた「ちょうどいい」／「省力化したいけれど押さえておきたい」ポイントを見極めよう

まとめのコラム1●カイモノビールの挑戦（これでいい編）

②「これがいい＝生活発見を提案する」枠づくり

コト消費の本質は、モノから生まれる「新しい生活体験」／見えにくくなった生活者の欲求／形にならない欲求を企業から先回りして提案する／カメラからもたらされる新たな楽しみを売る「サトーカメラ」／新生活を提案する新商品を毎週30個も発売する「チボー」／家具選びと、購入のストレスを徹底的に削減した「ローレル＆ウルフ」／マイナス改善ではなく「生活発見」を考える

まとめのコラム2●カイモノビールの挑戦（これがいい編）

図版作成　谷口正孝

序章　かつて買物に「幸せ」はあった

来月休暇が取れたので温泉旅行にでかけようと思った。今月は出費が多かったから、なるべく安く抑えたい。スマホを手に取り、旅行予約サイトで検索し始めると、さっそくいい宿を発見。源泉かけ流しで、料理も美味しそう、建物もきれいで値段もなかなか手ごろだ。口コミ評価は5点満点中4・4点。悪くない。「どれどれ」と口コミを見てみると、目に飛び込んできた最近の評価は2点。コメントは「写真だけきれいな宿！料理は冷めてるしいまいち、温泉もぬるい！」とひどい評価。

口コミ全体の評価は高いのにおかしい、と思って他の口コミを見てみると、並んでいるのは似たような文体、似たような誉め言葉で書かれた5点評価の口コミばかり。う〜ん、この5点評価って本当に信用できるのだろうか……。不安になって、他のサイトを見てみると、宿の評価は4・0。さっきよりも低いけれど、悪くはない。しかし少し不安で決められない。これはやめておこう。

それから4種類のサイトをめぐりさんざん検索して1時間が過ぎた。口コミ評価4・0以上で「源泉かけ流し」の温泉宿は思いのほかいっぱいあって、夕朝食付き、朝食のみ、夕食のみなどプランによって値段も違って比較するのがなかなか大変だ。部屋の広さで値段も変わるし、魚が美味しい宿もあれば肉の美味しい宿もある。詳しく知ろうと口コミコメントを見始めると、時間があっという間に過ぎていく。

すると、前に検索したサイトでは満室だった口コミ評価4・7点の温泉宿に、今調べているサイトでは空室が出ていることに気づいた。口コミも怪しそうじゃない。価格も予算内で部屋に露天風呂までついている。「空室はあと1室！」と書いてあるから、急いで予約をしようと手続きを開始した。部屋のタイプは洋室がいいか和室がいいか、料理のメインは肉にするか魚にするか、特別キャンペーンの26種類から選べる浴衣はどんな柄にするのか、移動手段は車か電車か、到着の時間は何時か……宿泊の予定は1カ月も先なのに、やけに選ばなければいけないことが多い。なんとか選び終えて名前、住所、電話番号、クレジットカード番号を入力して「予約」ボタンをクリック！　すると画面に出てきたのは「申し訳ありません、ただいま満室です」の表示。「なんだ！　手続きしている間に他の人に予約されたのか！」と、どっと疲れが出る。

結局、不安ながらも、最初に見つけた少し口コミが怪しそうな宿を予約。「まあ、大丈夫だろう」と思っていた1週間後、やっぱり不安で通勤中に予約した宿を検索してみると、自分が予約したときよりも3000円も安い値段で同じ宿に空室が出ていた。驚いてサイトに行って改めて口コミを見ると、2日前に書き込まれた「となりのホテルの改修工事の音がうるさいです」というコメントが目に入った。価格もいい加減だし、不愉快になってそのままキャンセル。休み前で仕事もばたばたと忙しくなってきた。また宿を探して、選んで予約するのも面倒だ。なんとなく温泉宿に行きたい情熱も衰えてしまい、そのまま旅行の計画は放置してしまっている——。

旅行に限らず、こんな悲しい買物体験をした人はいないだろうか。自分で情報を検索し、比較し、選ぶ買物が一般化してからというもの、このような買物のストレスや疲れが加速度的に増えているのである。

いま紹介した例のように、大量の情報に惑わされ、モノの選択に迷い、賢く正しい買い方を求めて悩む生活者。その結果、欲しいけれども「選べない」、だから「買えない、買わない」という現象がいま起こり始めている。買物にこれほど疲れやストレスを感じるというこの状況は危機である。なぜなら、高度経済成長期から最近まで、あり方は違えども買物には一貫して楽しみや幸せがあったからだ。まずは日本人の買物の歴史を振り返りたい。

「買物の歴史」を振り返る

揃える買物の時代（高度経済成長期）

1945年に終戦を迎え、新しい時代を歩み始めた日本。ここから生活者を取り巻く買物の環境は大きく変化し始める。その変化を牽引したのは、復興とそれに続く高度経済成長だった。社会が豊かになっていく実感を国民が共有していたこの時代、「みんなと同じ便利なものを買い揃える」ことが生活の幸福につながった。

その代表と言えるのが「三種の神器」と「3C」だ。三種の神器とは1950年代後半に爆発的に普及した3種類の家電で「冷蔵庫」「洗濯機」「白黒テレビ」のことを指す。読者の中には映画『ALWAYS 三丁目の夕日』をご覧になった方もいるかもしれないが、その中で町の自動車修理店「鈴木オート」が白黒テレビを買っただけで町中の話題となり、プロレス中継を見るために町中の人が集まり、熱狂するシーンがあった。

続いて1960年代には3Cと呼ばれる生活必需品が席巻する。3Cとは「カラーテレビ」「クーラー」「カー」のCをとって呼ばれたものだ。多くの生活者が豊かになり中流化する中で、新たな「生活必需品」が登場したのだ。

このように、経済的に豊かになり、いままでの生活を塗り替える必需品が次々と生まれ、生活者がそれらを求めた時代を**「揃える買物の時代」**と名付けたい。戦争の焼け野原から立ち上がり、お金もモノもなかったけれど、戦後復興の中でみんなが豊かになっていく。その中で「中流」と呼ばれる生活を送るための必需品がマスメディアや口コミを通して語られ、その商品を買うことを目標に働き、ローンを組んで買うことが幸せだった時代。生活必需品の購入により「ああ自分は豊かになったのだ」という感覚を得られる、まさに買物と幸福が蜜月であった時代であると言えるだろう。

この時代、企業に求められるモノの売り方といえば**「プロダクト・アウト」**と言われるマーケティング手法だった。文字通り「プロダクト＝製品」を市場に「アウト＝出す」ことが重要だった時代だ。日本人の憧れだったアメリカ型の豊かな生活をかなえる製品を日本向けに大量生産し、生活者へ安価に届けることが何より重視されていた。ラジオが白黒テレビへ進化し、カラーテレビになる。洗濯板が洗濯機に、さらに脱水機までついた二層式の洗濯機になる。このようなモノの進化を実現し、いかに安く届けられるかが企業には求められていたのだ。

経済発展と企業の努力があって、この時代に家電の世帯普及率は一気に拡大する。1975年には洗濯機、冷蔵庫、掃除機、カラーテレビは90％以上の家庭に普及することになる。その15年前の1960年の普及率は冷蔵庫10・1％、掃除機7・7％、カラーテレビに至っては一般家庭に出回っていなかったことを考えると、いかに普及が急速に進んだかがわかる。[※1]

憧れる買物の時代（安定成長期――バブル時代）

そんな高度経済成長の時代は１９７３年に始まった第１次オイルショックをきっかけにかげりを見せ、１９８０年代にかけて平均経済成長率４％程度の「安定成長期」と呼ばれる時代が訪れる。この時代、カラーテレビや洗濯機、冷蔵庫の世帯普及率はほぼ１００％となり、人々は周りと同じ「必需品」を揃えるだけでは物足りなくなる。「他のみんなと異なる」商品、さらには人よりも一歩上を行く「憧れの商品」を求め始めたのだ。１９８５年、このような時代を見通した博報堂生活総合研究所は『「分衆」の誕生』という本を刊行した。かつてのように、同じものを欲しがる大衆ではなく、人との「差異化」を求める「分衆」が生まれ、市場を動かすと提言し、話題となった。まだまだ上り調子な経済を背景に「人とは違う一歩上のモノ、憧れのモノを持ちたい」という欲求がこの時代にあらわれ始めていたのである。

そして、この安定成長期の延長線上に訪れたのがバブル経済（１９８６年12月～１９９１年2月）という、いままでにない好景気だった。

筆者の山本（1980年生まれ）はバブル全盛期に小学生で、バブルを肌で体感していないが、この当時すでに働いていた人に話を聴くと、バブル期の買物の様相がよくわかる。例えば、その一つに「六本木ではドイツ製の高級車が、当たり前だった」というものがある。

いまは巨大オフィスビルも立ち並ぶ六本木だが、この頃は当時流行したディスコが賑わう、東京随一のトレンディナイトスポットであった。麻布、青山とならんで憧れの生活のメッカといってもよいこの街では、ドイツ製の高級車が当たり前のように走っていたという。まさに人より一歩上に行くことを競いあった街だ。当時、男性は乗っているクルマのブランドでどんな女性と仲良くできるかが決まったという。世間が憧れる外国製の高級車に乗っているかどうかが男性を選ぶための重要な基準だったのだ。

また当時の若者の話として「憧れのＤＣブランドを誰よりも早く買うために毎日節約、販売日には早朝から並んだ」というものもある。バブル時代「ＤＣブランド」と呼ばれる服のブランドが大流行。菊池武夫、山本耀司などの名だたるデザイナーがその才能を開花させ、彼らのブランドはたちまち若者たちの熱狂の的となった。そのブランドの新作商品をいち早く購入するために、日々節約し、貯金を重ね、時には月賦払いを覚悟して新作が売り出される日に開店前から並んで手に入れる若者が多くいたのだという。

このバブル経済と呼ばれる時期は、安定成長期に顕在化した「人と違う一歩上のモノを持ちたい」という欲求を、さらに加速させたと言えよう。この時代、人との違いを見せつけ、他人の上を行くための憧れのブランドや商品、スタイルがあり、それを手に入れることが喜びだった。そのような消費を象徴するアパレル産業は活況を呈する。1985年に3・9兆円だった百貨店の衣料品販売額はバブル期の91年には6・1兆円と急伸[※2]。国産、輸入を含め、いま我々が知る様々なファッションブランドが生まれたのもこのころだ。

安定成長期、バブル期を通してこの時代の買物とは何だったかといえば、**「憧れる買物の時代」**だったと言えるだろう。人並みに豊かになるために必要なモノは高度経済成長期で満ち足りた。その後に訪れたこの憧れの買物の時代も、買物と幸福がつながっていた時代だと言えよう。

そしてこの頃の企業に求められ始めたのは**「マーケット・イン」**という生活者ニーズ

をつかむマーケティングの考え方だ。先ほどの「プロダクト・アウト」に対して、「マーケット＝市場」に「イン＝入る」。企業が市場の中に入って、そこにある生活者のニーズをつかみ、そのニーズに合う商品を作って、売ろう、という考え方である。便利になるためのモノは満ち足りて「人と異なるもの」「できれば一歩上のもの」を求める生活者はいまどんな生活ニーズを持っているのか？　どんな「人との違い」を求めているのかを探り、その「ニーズ」を満たす商品開発と販売を行うことが求められた。高度経済成長期のように、同じような商品を安く売ればいいわけではない。生活者のニーズを満たす商品・サービスを開発し、これまで市場に存在した競合他社の商品・サービスと何が違い、何が一歩上なのかを訴えることが重要になった。

例えば1990年前後に生まれたヒット商品に「リンスインシャンプー」があった。このころ朝にシャンプーをする「朝シャン」という生活スタイルが流行した。シャンプーとリンスを融合したリンスインシャンプーは、せわしない朝でも髪を洗いたいという朝シャンのニーズに応えたのだ。ここで重要なのは、すでにシャンプーもリンスも市場に存在しており、髪を洗うという機能においてリンスインシャンプーには大した新しさはないということだ。けれど朝シャンという新しいニーズをつかみ、従来商品よりも手軽で最適化した商品を開発したことでヒットしたのだ。

他にも「コードレス電話機」というものもあった。固定電話しかない中でコードをなくして、受話器をどこへでも持ち運べる利便性を売りにしたのがコードレス電話だった。これもいわば「電話で話す」という機能はなんら過去のものと変わらない。けれど「家族の前で友達と話したくない」「寝ころびながら話したい」などの生活者ニーズを捉えたコードレス電話は確実に消費者の心を捉え、90年代にヒットした。

様々な生活者のニーズを捉え、本質的な機能は同じでも、使い方や形状、デザインが差別化された商品が次々と開発され市場に投入されるようになる。そして、どう他社製品と違うのかという情報を、企業は生活者に対してなるべく多く知ってもらおうと語り掛け、マスメディアや店頭を通じて訴える時代が続いたのだ。

賢い買物の時代（失われた20年）

戦後長く続いた経済成長の時代も1991年のバブル経済の崩壊と共に終わりを告げ、

同年の実質GDP成長率は前年の6・2%から2・3%まで下落。さらに93年にはマイナス0・5%という大幅な後退局面を迎える。経済活動は停滞し出口の見えない不況へと突入していく。終身雇用が当たり前だった日本企業で「リストラ」が行われ始めたのもこの時期で、ボーナスカットや給与カット、さらには新卒社会人の採用抑制なども行われ、94年には「就職氷河期」という言葉が生まれた。

先行きが見えないこの時代、生活者は買物の局面においては、自らの生活を防衛するためにいかに節約して身の丈で暮らすかを模索し始め、消費の流れもそれに呼応した。90年代後半から全国展開が始まった100円ショップが大きな成長を遂げ、98年に大手ハンバーガーチェーンのマクドナルドは「65円バーガー」と銘打った激安キャンペーンを行い、大きな話題となった。2001年には牛丼の価格競争が激化。吉野家の牛丼並盛りが280円で食べられていたことを覚えている方も多いかもしれない（2018年10月現在は380円）。価格の安さが話題を呼び消費者に評価され、物価が下がり続ける「デフレ時代」の到来である。生活者は身の丈・節約志向の中で「コスパ」を重要視して、いかに安くていいモノを手に入れられるかを競うようになる。

一方、このような不安定、節約、縮小傾向の時代にあっても大きく発展したのが「IT」技術だ。1995年のウィンドウズ95の発売を皮切りに、パソコンやインターネットは身近なものとなる。2000年にはインターネットの個人普及率は約4割に達し、2003年には6割を超え急速に普及する。

このインターネットの普及と共に、買物についての口コミをネット上に投稿することも一般化。特にこのトレンドの中で重要なのは「価格.com」などの「価格比較&商品口コミサイト」の出現だろう。当初はパソコンなどの情報機器を中心に家電量販店での売値情報をサイトに収集し、「いま、どこで買うのが最もお得なのか?」「この商品を買った人はどう評価しているのか?」の情報を利用者に提供した。かつてのように一生懸命自分で情報を集めなくても、安くていい商品を見極められるようになったのである。コスパを重視し「安くていい商品」を手に入れることが重要な生活者にとってこれほど嬉しいことはなかった。「価格.com」が普及し始めた2000年代前半、広大な秋葉原の電気街をさまよわなくても、パソコン上で検索をするだけでどこで買うのがお得かひと目でわかる価格比較サイトと出会った時の感動を覚えている読者もいるだろう。

では、これまでの「揃える買物」「憧れる買物」に引き続き、この時代の買物のテーマは何だろう？　出口の見えない経済不況の中でコスパの良い商品を求め、インターネットで効率的に情報を収集し「安くていいモノ」を手に入れるこの買物スタイル。いうならば**「賢い買物」の時代**だろう。生活者は自ら情報を収集し、その中から「安くていいモノ」を納得して選び取ることに買物の幸せや喜び、楽しさを感じていたのである。この「賢い買物」の感覚は、本書をお読みの皆さんの中にも共感される方が多いのではないだろうか。

そしてこの時代に企業にとって重要になったマーケティングの考え方が**「AISAS」**というものだった。これは２００４年に株式会社電通が提唱したモデルだ。生活者が自ら情報を集め、判断する時代に生活者の買物までの流れを、

A：Attention（商品に注目する）
I：Interest（興味をもつ）
S：Search（検索する）

買物の時代変遷を振り返る

1950年代半ば〜70年代前半 **高度経済成長期**	**揃える買物**	・三種の神器 ・3C ・大衆消費	中流生活のためのモノ揃えがテーマ	**プロダクト・アウトの時代**
70年代後半〜90年代初頭 **安定成長期—バブル時代**	**憧れる買物**	・DCブランド ・海外ショッピング ・高級車ブーム	他人といかに差別化するかがテーマ	**マーケット・インの時代**
90年代前半〜現在 **失われた20年**	**賢い買物**	・デフレ基調 ・コスパ重視 ・価格比較／口コミサイト	情報を集め比較し合理的に選ぶことがテーマ	**AISASの時代**

A：Action（購買する）
S：Share（SNSなどで口コミ共有する）

という形にまとめたのだ。まさに「自ら情報を集め、検討する」生活者の買物モデルと言えるだろう。インターネット時代になるまで、企業は主にマスメディアや店頭を通じて「他社との違いや新しさ」を訴え、競合との差別化を達成しようとしてきた。この時代に企業からの「発信」だけでなく、生活者に自社情報を検索して「発見」してもらうことの重要性が増す。それゆえに、企業は従来のコミュニケーションに加え、検索エンジンでいかに上位に表示されるかを競うＳＥＯ対策や、有名ブロガーに自社商品・サービスについて書いてもらう口コミ対策、さらには広告の形でなく記事や番組内の情報の形で自社の評判を伝えるＰＲ対策に熱を入れるようになる。その結果、企業の発信すべき情報は増加し、さらに生活者自身が生み出す口コミもあいまって、情報量は膨れ上がった。

そして、この企業と生活者が生み出した情報が増加する中で、当たり前になった「賢い買物」をしようとすることが「選びたいけど選べない」という現象を生み出すことにもつながっていくのである。

欲求流去――「モノを選ぶ幸せ」の転換期

さて、これまで戦後から現在までの「買物の歴史」を概観してきた。高度経済成長期の「揃える買物」、安定成長期の「憧れる買物」、バブル崩壊からの失われた20年の「賢い買物」。このように変化する時代の中で、特徴的な買物のスタイルがあり、そこには形は違えども「モノを選ぶ」幸せや喜び、楽しさが存在していた。しかし今、生活者は買物にストレスさえ感じはじめ、**「欲しいけど選べない」買物の時代**へと突入しつつある。この時代の変化を見てみよう。

欲求流去の時代

バブル崩壊後「賢い買物」の時代が始まってから20年以上が経過した現在、スマホの普及、インターネットとの常時接続時代を迎えて、買物と生活環境はかつてから大きく変化した。博報堂買物研究所（以下、買物研）は、2015年を消費意識の分岐点と見さだめ、筆者をプロジェクトリーダーとして2020年代に向けた買物行動の変化を予測するプロジェクト「買物フォーキャスト」を始動。まずは2016年2月に全国の20代～60代の男女2063名に対し買物意識に関するアンケート調査を実施した。

スマホの普及による情報爆発、商品の増加、ネットを通じていつでもどこでも買物ができる環境は生活者の買物意識をどのように変化させるのかを把握するのが目的だった。

その中で、情報の増加による買物のストレスを測る質問として次のようなことを聞い

Q.この半年間を振り返り、日々様々な情報と接する中である商品を「欲しい」と思ったにもかかわらず、いつの間にかそのことを忘れてしまったり、欲しいという気持ちをなくしてしまった経験はありますか？

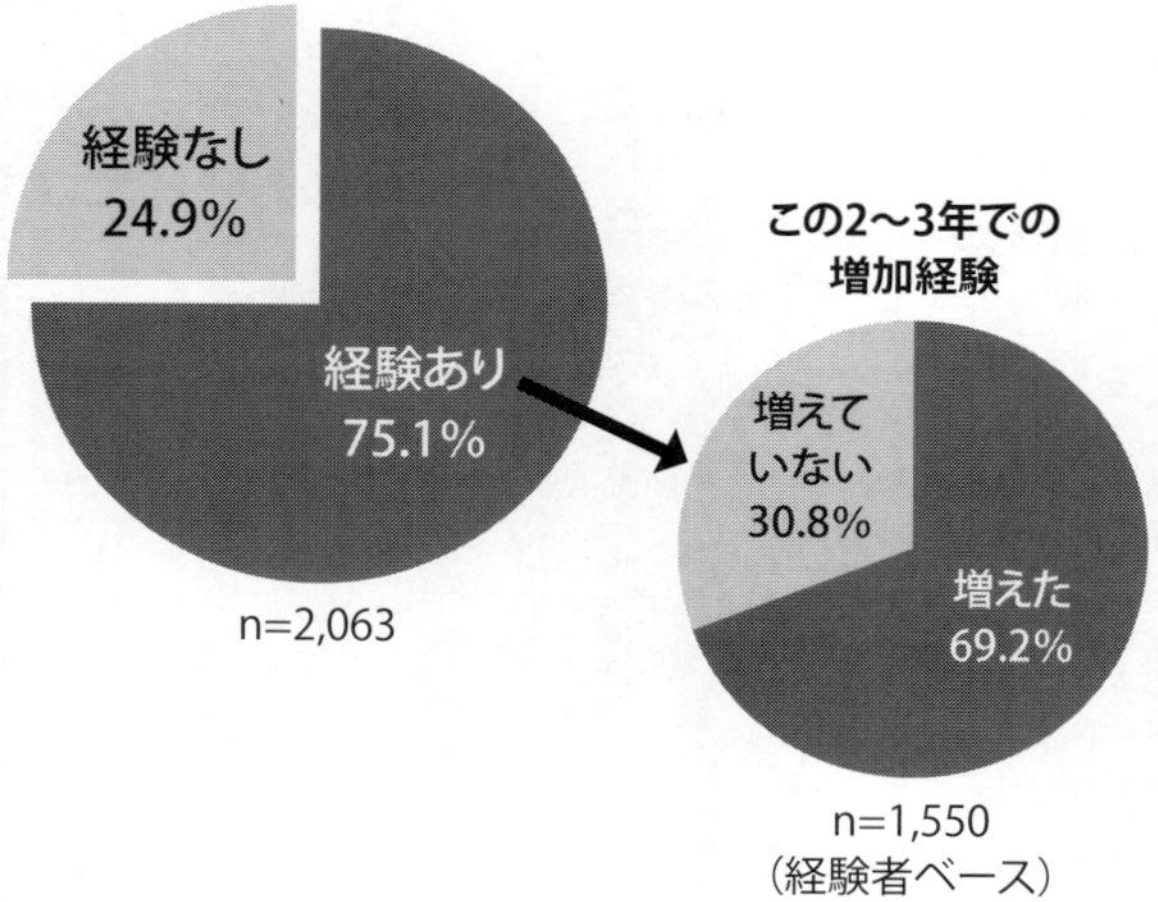

てみた。

「この半年間を振り返り、日々様々な情報と接する中である商品を『欲しい』と思ったにもかかわらず、いつの間にかそのことを忘れてしまったり、欲しいという気持ちをなくしてしまった経験はありますか？」

すると、この質問に対し、75%の生活者が「ある」と回答。さらに「ある」と答えた生活者の中で「この2〜3年でそのような経験が増えた」と考える生活者も約7割に達することがわかった。

通常、モノを買いたいという欲求は強いパワーだ。しばしば衝動買いと言われるように、強く「欲しい！」と思ったその気持ちが購入まで人をかき立てる。そんな欲求を「忘れる」という出来事が今、生活者の中で進行しており、この2〜3年でその傾向は強まっているのだ。

この結果は、買物をする生活者に10年以上注目してきた買物研にとって大きな衝撃だった。

我々はこの「買物欲はあるのに、その欲を忘れてしまう現象」を**「欲求流去《よっきゅうりゅうきょ》」**と名付け、さらなる分析を実施。特に全生活者の約8割、1550名に達する「欲求があるにもかかわらず忘れる生活者（以下、欲求流去経験者）」が持っている買物意識の特徴を、非経験者513名と比較することで明らかにした。

もはや買物はストレスになっている

欲求流去経験者の大きな特徴、それは**「買物に対するストレス感」の強さ**だった。

買物ストレスは、①「買物情報を選別するストレス」、②「商品点数が多すぎることのストレス」の2つに分けられる。①「買物情報を選別するストレス」でいえば、「買物のために集めた情報から良いものを見極めるのは難しい」という意識は欲求流去経験者で61・3%にのぼり、非経験者の45・4%を約15ポイント大きく上回っている。実際に買物をする際、情報にストレスを感じている人に対し、どんなところにストレスを感じ、欲求を失ってしまうのか聞いてみると、次のような回答が得られた。

「情報収集しなければならないというプレッシャーがあり、調べ始めると情報がありすぎることに気付いてうんざりする。そして、時間だけが経って、もうどうでもよくなる」（31歳・男性・東京都）

インターネットで情報収集が容易になり「賢い買物」ができるようになった当初、生活者にとって情報が豊富にあり、それを吟味できることは喜びだった。しかし、**いまや情報の多さは買物をする際のプレッシャーやストレスになっている**のである。

②「商品点数が多すぎることのストレス」についてはどうだろう。「買物をする時モノが多すぎることをストレスに感じることがある」という意識は、欲求流去経験者で44・3％、非経験者で33・1％なので、10ポイント以上の開きがある。モノの多さにストレスを感じ、欲求を失っている生活者にその実態を聞いてみると、

「モノ選びに時間がかかりすぎて、本当に自分の欲しい物なのかわからなくなる。とりあえずチェックはするものの、決定は保留してしまい、後日確認するともっと良いのがあるかもしれないと思うと、ほしくなくなる」
（50歳・女性・千葉県）

「欲しい」と思って買物を始めたのに、たくさんの商品を見て、比較しているうちに「何が自分の本当に欲しいモノなのか」よくわからなくなってしまう。この声からはモノの多さそのものが迷いを生み出し、買物を遠ざけている実態が生々しく見えるのではないだろうか。

高度経済成長期の時代から最近まで、モノの選択肢が多いということは、生活者にとって嬉しいことであったはずだった。しかし、**もはやモノの選択肢が多いということそのものが買物のストレスになっている**のだ。その結果、**買物欲が買物に結びつかず、欲求そのものを忘れてしまう「欲求流去」が生活者の約8割に起きている**のである。

一体なぜ、今このような現象が起きているのであろうか？　次章では、この10年程で起きた社会環境、買物環境の変化をもとに、なぜ買物が「幸せ」なものでなくなってしまったのかを、3つの理由から考えていこう。

※1　内閣府消費動向調査
(http://www.esri.cao.go.jp/jp/stat/shouhi/shouhi.html)

※2「百貨店　衣料品販売の低迷について」(経済産業省大臣官房調査統計グループ経済解析室)
(http://www.meti.go.jp/statistics/toppage/report/minikeizai/pdf/h2amini072j.pdf)

第1部

【分析編】なぜ買物は幸せではなくなったのか

第1章 買物が幸せではなくなった、3つの理由

理由1　あふれる情報、ニセの情報

情報通信量の増大とスマホの普及

「賢い買物」に幸せや楽しさを見出していた生活者を一体何が変えてしまったのか？
その大きな原因のひとつが**「情報量の増加」**である。前章で、買物をする際に情報をチェックすることがプレッシャー、ストレスになり、買物欲を失ったという生活者の声を紹介した。**増え続ける情報自体が買物したい気持ちを失わせるほどのストレスになっているの**である。この状況を、詳しく見てみよう。

10年代から流通する情報量は大きく増加

国内のブロードバンドダウンロードトラフィック量の
推移（Gbps）

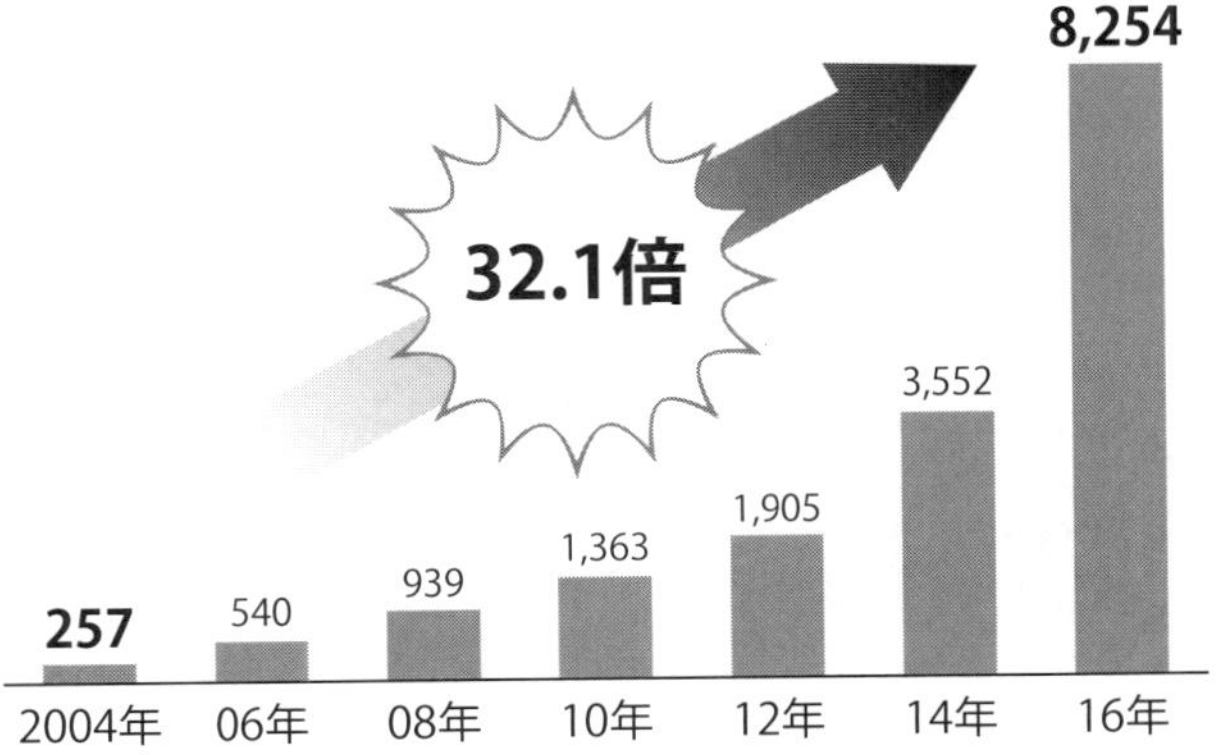

総務省「我が国のインターネットにおけるトラヒックの集計・試算」より

国内の情報通信の状況をまとめた総務省「情報通信白書」を見てみよう。インターネットの個人普及率が６割を超えた２００４年、国内のデータダウンロード量はわずか２５７Ｇｂｐｓだった。これは１秒あたりに２５７ギガバイト（ＧＢ）の情報がダウンロードされていたということを意味する。２時間程度の映画を記録できるブルーレイディスク（50ＧＢ）約５枚分の情報が１秒間にダウンロードされていた時代である。その情報量は、一気に増加。12年後の２０１６年には32・１倍の８２５４Ｇｂｐｓになる。約１６０枚のブルーレイディスク分の情報量がわずか1秒間でダウンロードされているのだ。

さらに2010年代に入り急速に普及したスマホによって、生活者は日々膨大な情報量と長時間向き合うことになった。博報堂DYメディアパートナーズメディア環境研究所（以下メディア環境研究所）がメディア接触実態や接触意識を明らかにするために毎年実施している「メディア定点調査」によれば、東京地区の2018年のスマホとの1日あたりの平均接触時間は、103・1分。2012年の40・4分から約2・5倍に大幅増加している。

SNSによる「口コミ」の変化

このように近年、世の中に流通する情報量、情報に接している時間は、爆発的に増加してきた。ただ注目すべきは情報の「量」だけではない。その「質」も大きく変化している。インターネット、とりわけブロードバンドの普及が「情報量」の変化を主導したとしたら「情報の質」の変化を主導したのは、2010年代に一気に普及したソーシャル・ネットワーキング・サービス（以下、SNS）だと言えるだろう。

2008年4月、「ツイッター」が日本でもサービスを開始。同年5月、「フェイスブック」も日本参入すると、2011年6月には「ライン」、2014年2月には「インスタグラム（インスタ）」が日本におけるサービスを開始した。

総務省情報通信政策研究所の調査によると2016年における日本人の主なSNSの利用率は71・2％に達しており、2012年の41・4％から1・7倍もの伸びを示している。※1

このようなSNSの普及は、スマホの浸透とあいまって「いつでも、どこでも、気軽に」自分自身の気持ちや意見を発信することを可能にしてくれた。商品やサービスの口コミも、価格比較&商品口コミサイトだけでなく、SNSを通じて確認できるようになった。

このSNSによる口コミ普及は、情報の「玉石混淆化」を進め、買物にも影響を与えはじめる。その代表例と言えば「ステルスマーケティング問題」、「口コミランキング買収疑惑」であろう。

買物にまつわるステルスマーケティングの一例として挙げられるのは口コミの人為的

な操作である。ある商品の販売元が「自社商品の良い口コミを書くように」とSNSユーザーに依頼すると、ユーザーは、販売元と無関係の第三者を装いながら「星5つ！この商品は、本当に最高です。リピート買い決定！」などと口コミサイトやSNS上に書き込むのだ。書き込みを読んだ一般の生活者は宣伝目的の評判を「信頼できる口コミ」だと思う可能性がある。

2010年代前半のブログやSNSの普及期には、影響力を持つ有名人が、詐欺的なサービスを展開する企業からお金をもらって、使ってもいないサービスを宣伝目的で「おススメ！」と口コミしていたのではないかと疑惑の目を向けられ、批判のやり玉にあがり、いわゆる「炎上」騒動にまで発展したこともあった。

インターネットショッピングサイトで買物をする際に、購入者がつけた商品評価の点数や口コミを参考にするという人は多いかもしれないが、そこに意図的に操作された口コミが紛れ込んでいる可能性も多分にある。ネットショッピングの口コミで機械翻訳によって書き込まれたような不自然な日本語を用いた「高評価レビュー」を見たことはないだろうか。こういったものは海外の業者などにお金を払って不当に評価の高い口コミを書き込ませている疑いがある。高評価の商品だと思って口コミを見てみても、これでは評価自体が当てにならない。

口コミランキング買収疑惑も同様の手口である。外食や商品の口コミランキングに影響力を持つ口コミサイトユーザーに対して、謝礼金や飲食の接待などの便宜を図ることでランキングを押し上げるための高評価を書き込ませ、ランキングそのものを操作しようとする業者がいると疑いの目が向けられた。

このように、**情報爆発とともに、信じられる情報と信じられない情報が混じり合う「情報の玉石混淆化」が起きている。**いまや我々はネット上の口コミや評価を素直に受け入れ、「賢い買物」をすることができなくなってしまったのだ。その結果、「どの情報を信じて買ったらいいのかわからない」という迷い、ストレスが心理的ブレーキとなり、「買いたい欲求はあるのに、選べない＝買えない」状況が生まれている。

2010年代に入り、情報をめぐる様々な疑惑が明らかになる中、生活者自身もこのような状況を実感し始めている。先述の「メディア定点調査」が、2017年に驚きの調査結果を報告した。2016年から17年のわずか1年で「世の中の情報量は多すぎる」という意識が、42・1%から52%へ大幅に上昇したというのだ。さらに「インターネットの情報は、鵜呑みにはできない」という意識に至っては2016年の71・7%から、2017年は79%へと大幅増加していたのである。

通常、多くの人数に対して毎年同じ質問を繰り返し、意識の変化を探る「定点調査」では、同じ質問に対するある回答の割合が、1年で3%動くだけで「かなり意識が動いた」と分析、解釈することが多い。しかし、先程のデータでは「情報が多すぎる」「インターネットの情報は、鵜呑みにできない」という意識が1年間で10%近く上昇しているのである。これは、近年に入って生活者自身が「膨大で玉石混淆な情報に囲まれている」ことに急速に気づき始めた状況を如実に表している。

理由2　あふれる商品、新しい買い方

生活者が接触する膨大な商品

このように生活者を迷わせているのは情報量の多さだけではない。買物をする際の商品の量そのものも多ければ、その商品の購入方法や買う場所も多様になっている。

商品の数でいえば、国内に流通するアパレル（洋服や服飾雑貨）の商品点数は199０年から2013年にかけて2倍に増え、40億点にのぼった。※2

また、日本映画製作者連盟の発表によると洋画・邦画を合わせた映画の公開点数は1997年の611本から2017年の1187本へと2倍近くに増加した。※3

さらに、日本市場創造研究会の発表データによると、スーパーマーケットやドラッグストアなどで販売されている日用品分野では2008年8月から2015年7月の7年間で約119・7万個もの新商品が発売されているという。これは毎日約470個もの新商品が発売されていることを意味している。※4

では、実際に生活者は買物をする際にどのくらいの商品に触れているのだろうか？これを実際に実験したデータもある。2014年、買物研は人間の視線がどこを見ているかを捉える眼鏡型のカメラ「アイスコープカメラ」を使って店頭での実験を実施。コンビニエンスストアで飲料を買う人の目に、一体どのくらいの商品が飛び込んでくるのかを調査した。その結果、コンビニエンスストアに入り、飲み物を選んでレジに着く十数秒間程度の間に、平均して約80個もの商品が飛び込んできていることがわかったのである。

さらにリアルな店頭だけでなく、スマホを使っていつでもどこでも買物ができるようになった今、生活者は調べようと思えば通常ならば店頭で出合うことのない多種多様な商品と出合うことができる。インターネットの世界は「ロングテール」と呼ばれ、あまり有名ではなかったり、店頭に置かれにくい商品とも出合うことができる便利な買物の場だ。リアル店舗の売り場は面積が限られていて、どうしても商品を置こうとするとよく売れる商品しか置けない。しかし、電子空間上のインターネットが売り場であれば、そうした制限を受けにくい。それゆえに、売り上げがわずかな商品も取り扱うことができる。売れる商品から順に並べてグラフにしたとき、売り上げの少ない商品がひじょうに多数続くことから、ロングテール（長いしっぽ）と呼ばれている。しかし**ロングテールというほど多くの種類の商品と出合えるがゆえに、生活者は多くの商品の前で戸惑わざるを得ない。**

前章で、買物欲があるにもかかわらずその欲を忘れる「欲求流去」の経験者ほど「買物をする際にモノが多すぎることがストレス」と感じていることを指摘した。「ロングテール」も場合によっては幸せをもたらさないのだ。

次々と生まれる「新しい買い方」

増えているのは商品の種類だけではない。その商品を買うための「買い方」も多種多様になった。昔ながらのリアルな店舗、2000年代から存在していた従来型のインターネットショッピングサイトやオークションサイトに加え、2010年代からはスマホに対応した様々な新しい買物の方法が生まれてきたのだ。

スマホ時代に生まれた新たな買物の方法として、その筆頭に挙げられるのは「フリマアプリ」であろう。これはかつて休日の公園などで行われていた「フリーマーケット」における個人と個人の商品取引をスマホのアプリ上で簡単に行えるようにしたものだ。スマホある人が家の中にあるモノを「これ必要ないなあ、売れるかな?」と思ったら、スマホで出品物の写真を撮り、フリマアプリ上に値段をつけて出品。ものの3分で出品することが可能で、従来のネットオークションと比べても出品がとても手軽だ。そしてアプリ上でその商品を欲しいと思った人がいたら、出品者とメッセージをやりとりし、値下げ交渉なども行える。そして最終的に交渉成立すれば、商品を購入できる仕組みだ。ここで扱われている商品は多種多様で洋服や靴、宝石から玩具、書籍、化粧品にまで及ぶ。小さい子供のいる母親などは、すぐ成長して着られなくなる子供服をここで売買するという人も多い。そのためにフリマアプリで売る際に値崩れしにくいブランド物の子供服を、あえて高額でも購入する母親も増えているという。

買い手としては、定価で買ったら到底手が届かないブランド品でも、ここならば出品者との交渉次第で安く購入することができる。出品者としても、家の中にあっても邪魔なものをお金に換えられる、というメリットもある。その利用者は年々増加し、ユーザー数が最多のメルカリの国内ダウンロード数は、2018年7月の発表ですでに7100万を超えている。

さらに2017年から「ライブコマース」という新たな買物のスタイルも現れた。これはいわば、スマホ上での動画生中継を通じた「テレビショッピング」のようなものである。テレビショッピングというとなんだか昔からあるな、と感じる方も多いかもしれないが、このライブコマースの売り手は実演経験豊富なテレビショッピングのカリスマ社長……ではなく、「インフルエンサー」と呼ばれる人たちなのである。

「インフルエンサー」とは世間の購買意思決定に強く影響を与える人のことだ。例えばインフルエンサーのある女性が、SNSで「今夜9時から生中継で私の大好きな洋服を紹介しちゃいます!」などと告知すると、彼女に憧れるファンに情報が届く。約束の時間になると自宅のパソコンやスマホのカメラを使って動画の生中継を開始し、動画を見ているファンに商品のデザインや素材、自分はこの商品のどこを可愛いと思うのか等を語りかけ、商品をアピールする。

日本ではまだまだ成長中のライブコマース市場だが、すでに日本よりも先行してライブコマースが普及した中国では購買ルートとして存在感を示し始めている。

その中で特に有名なのは、ジャン・ダーイーという元ファッションモデルの女性インフルエンサーだ。彼女は自分自身のファッションブランドを立ち上げ、ライブコマースで販売する。フォロワー数は500万人を超え、2015年には年間で50億円も売り上げ、中国中の話題となった。[※5][※6]

他にも近年、従来のECサイト(自社の商品・サービスを独自に運営するウェブサイトで販売する）に加えて、実験的な商品やサービスに少額投資をしてその商品を手に入れる「クラウドファンディング」という買い方のスタイルも大きな伸びを見せている。クラウドファンディングを「買物」のひとつとしてとらえることに違和感を覚える方もいるかもしれない。クラウドファンディングとして一般的なのは、ネット上で共感者から資金を募り、プロジェクトや幅広い市民・地域活動などをおこなうというもので、これは「寄付型クラウドファンディング」と呼ばれる。一方、「購入型クラウドファンディング」は、製品やサービスを開発するための出資を募るためのもので、出資者はそのリターンとして製品やサービスをのちに受け取れることが特徴で、その意味で「買物」に近いと言えるのだ。

矢野経済研究所の調査によると2016年の国内クラウドファンディング市場規模は745億5100万円と、前年の約2倍まで成長。今後さらなる成長を遂げることが予想される。[※7]

フリーマーケット、ライブコマース、クラウドファンディング……今後、技術の変化と共に、まだまだ新しい買物の手段は発明されていくだろう。ひとつひとつの変化を見ていくと買物はより楽しく変化しているように見える。しかし、すこし引いた視点で見ると事情は異なる。買物をしようと思い立った時に生活者の目に触れる商品も多ければ、購入するための方法も多様化し、**何をどこでどのように買うのがお得かを判断することが難しくなってきているのだ。**

どこで買うのが良いのかわからない

実際に、買物欲があるにもかかわらずその欲を忘れる「欲求流去」の経験者は「どこで買うのが損をしないのかわからないことがストレス」という意識を48％も持っており、非経験者に比べても約15ポイントも高くストレスを感じていることがわかった。

実際に「どこで買うのが良いのか選べず、買いたい気持ちを失った」という人の意見を紹介しよう。

「ネット通販が増え、同じブランドでも数カ所の通販会社が取り扱っている。ただ、取り扱いサービスが各社で異なり、戸惑ってしまう。例えば、ある通販会社は送料が80

0円以上かかる。でも別の会社は送料は無料だけど、代引きは出来ないとか。商品がお買い得でもオプションでかなり悩み、時間が経つと他の欲しい物に気が移ってしまう」

（40歳・女性・宮城県）

「買おうと思った時、まず多くの情報や購入方法に迷う。迷った後になるべく安く購入したいと思うと今度は購入先に迷う。迷っているうちに結局また新しい製品が見つかるだろうと思い、見合わせることが多い」

（44歳・女性・埼玉県）

多くの購入方法、店舗で異なる価格、オプション……あまりに複雑な組み合わせがストレスになり、悩むうちに結局「選べない」生活者の実態がここからも見て取れる。

理由3　買物に労力をかけられない

共働きによって増える役割

情報が増え、玉石混淆化し、買物の方法も増える。このように買物環境は複雑化し以前よりも選ぶことが大変になった。しかし、ただ買物環境が複雑化しただけではない。生活者自身の「買物にかける労力＝選ぶ力」はむしろ減少しているのだ。この「選ぶ力」の減少に大きな影響を及ぼしたのは「生活者の役割の増加」である。

いまや女性でも働く人が多数という時代になった。1997年に専業主婦世帯の数を共働き世帯の数が逆転すると、以後、その差は開き続け、2017年には共働き世帯1188万、専業主婦世帯641万といまや共働き世帯が多数派になっている。[※8]

実際に15歳から64歳の女性における就業率も上昇し、1986年に53・1％だった就業率は、2006年に58・8％、2016年には66％となった。このように働く女性が増えたいま、**結婚して子供のいる女性は、妻と母という役割に加え、「働き手」という役割までこなし、社会で、家庭でマルチに活躍する時代になったのだ。**[※9]

このように女性の社会進出が進む中で、男性の家庭参加も進んでいる。総務省の社会生活基本調査によると6歳未満の子供がいる家庭の夫の家事参加時間（週平均）は20

多役インパクト
カジメン・イクメン化も進行

Q.夫が定期的に行っている家事

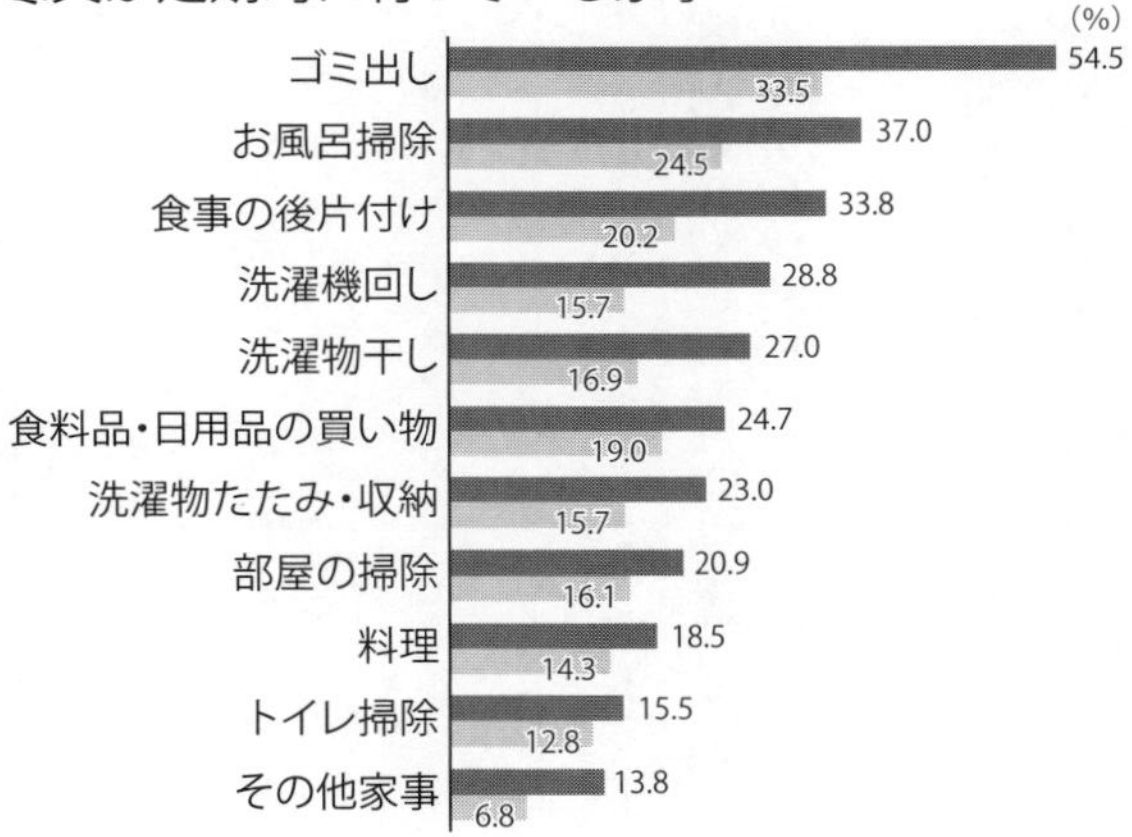

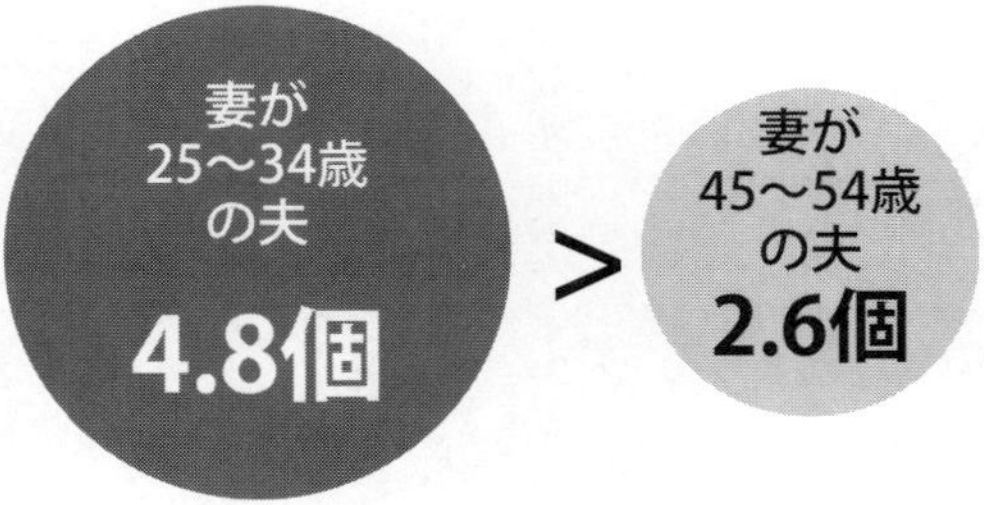

博報堂買物研究所「ミレニアル家族 生活実態調査　定量調査」より

16年で1時間23分と、20年前の1996年の38分から2倍以上に増加した。

2016年に買物研が行った、妻が25～34歳で6歳未満の子供がいる家族への調査でも「夫が定期的に行っている家事」は、「ゴミ出し／お風呂掃除／食事の後片付け」を中心に平均4・8個も行われていた。妻が45～54歳の家族の夫の担当数2・6個と比較すると、2倍近い家事を定期的に行っているのだ。

男性にも「夫／父／働き手」という3つの役割をしっかりとこなすことが求められているのである。

年をとっても増える役割

「やらなければいけない」役割が増えているのは若い世代の家族だけではない。高齢世代においてもその傾向は顕著だ。

労働力調査によると2016年現在、65歳～69歳の44％が働いているが、これは2007年と比べ、7ポイント以上高い。また、日本全国の働く人のうち1割以上はすでに65歳以上の人々なのだ。2013年4月より65歳までの雇用確保措置の導入を企業に義務付ける、改正高年齢者雇用安定法が施行された。今後、若年層の人口が減少し働き手が足りなくなる中で、まだまだ元気なシニア層は働き手としての役割をますます求められるようになる。

さらにシニア世代は子供が共働き世帯であることが多いため、孫の面倒を見ることも多く、実質的な「子育て」の役割を負うことも増えている。**今後年をとっても「配偶者／親／祖父母／働き手」という4つの役割をこなさなくてはいけないケースも増えてくるだろう。**

このような変化の中で、生活者自身も「やらなくてはいけないことが多い」と実感を持っている。実際に2017年に買物研が行った調査では「自分にはやらなければいけないことがたくさんあると思う」という意識は全国で7割を超え、生活者が多くの役割を抱える実感を持っていることがわかった。

もはや買物の重要性は高くない

このようにたくさんの「やらなければいけないこと」を抱える中で、果たして「買物」の重要性はどうなるのか？　２０１６年に「子育て、仕事、家事」と多くの役割を抱える25～34歳の家族の家に訪問し、夫や妻にインタビューしたとき、多くの人が口を揃えてこう言った。

「平日の買物は重視しない。15分くらいでぱぱっと適当に済ませる。休日も買物を目的にしたくない。家族の楽しいお出かけのついでに済ませてしまいたい」

役割が多くなる生活者にとって、その役割を幸せに全うすることが重要なのである。その中で「やらなければいけない」買物の重要性は高くない。重要性の低いものに人は生活の中で多くの時間や、手間を割くことが果たしてどのくらいできるだろう？

ストレス化する買物、忘れられる買物欲

これまで触れてきたように、近年、情報量は爆発し、情報の質の玉石混淆化が進む。商品数も増え続け、買い方の種類も多様化した。一方で、**「買物に割ける時間・余力」**

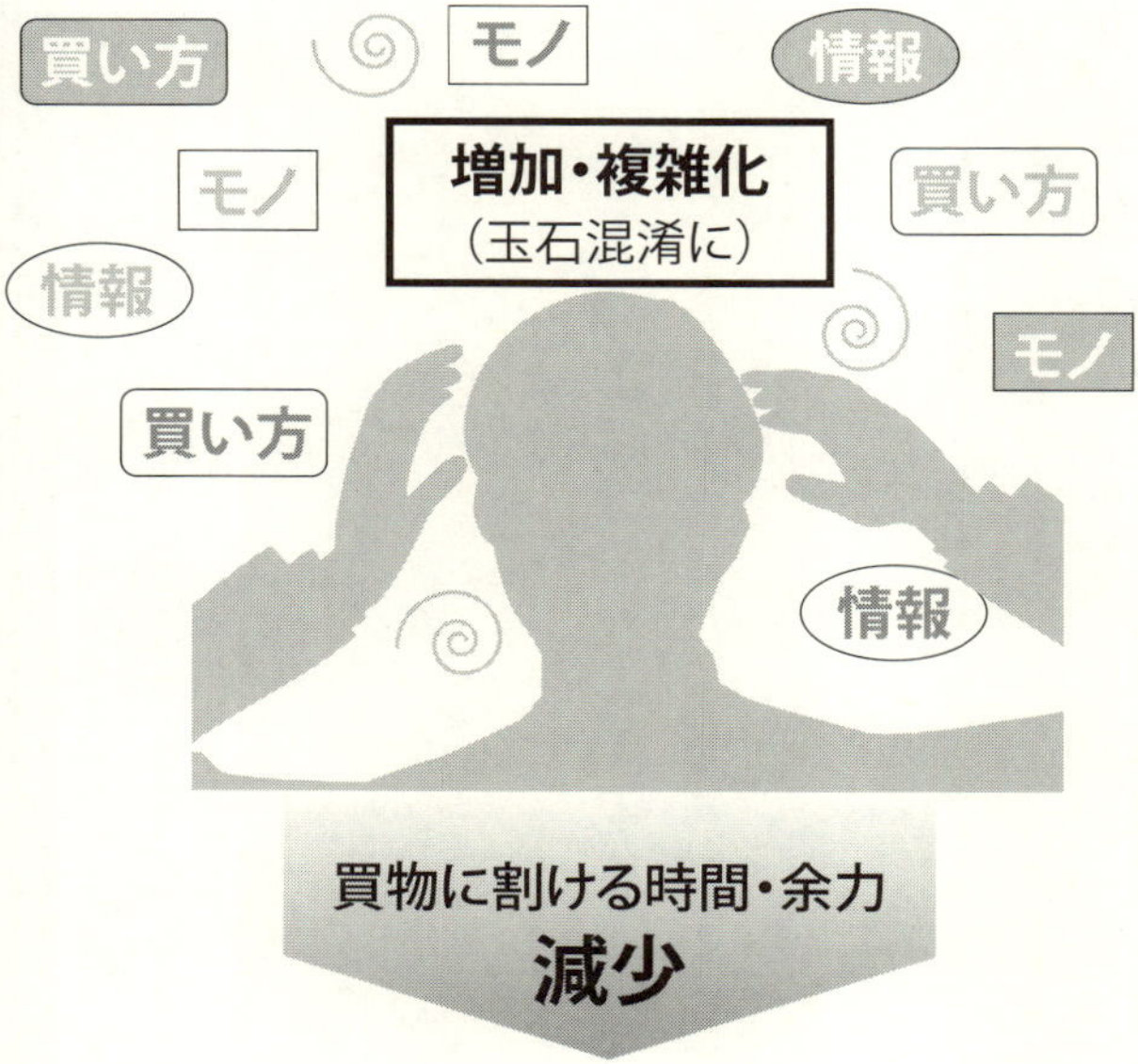

は減少している。あまりに複雑な買物環境を前に、納得のいく選択をしにくい状況に追い込まれているのだ。

この状況にあってなお賢い買物をしようとしても、あふれるモノ・情報、多種多様化する買い方の一方で、選ぶ時間も体力もない。だから「選びたいのに、選べない」。これが買物から「幸せ」が失われた背景だったのである。

※1 主なソーシャルメディアとは、ライン、フェイスブック、ツイッター、ミクシィ、モバゲー、グリーを指す。「平成28年情報通信メディアの利用時間と情報行動に関する調査 報告書」（平成29年7月 総務省情報通信政策研究所）
（http://www.soumu.go.jp/main_content/000492877.pdf）

※2 「第1回アパレル・サプライチェーン研究会報告書（参考資料）」（2016年6月 経済産業省製造産業局）
（http://www.meti.go.jp/committee/kenkyukai/seizou/apparel_supply/pdf/report01_03_00.pdf）

※3 「日本映画産業統計」（一般社団法人日本映画製作者連盟）
（http://www.eiren.org/toukei/data.html）

※4 「第4分科会 ビッグデータによる新商品と成功率の研究」（福島常浩／越尾由紀／本宮貴代著）
（http://www.shijo-sozo.org/news/%E7%AC%AC4%E5%88%86%E7%A7%91%E4%BC%9A_2015.pdf）

※5 「Superstar Influencers: China's Internet Celebrities At Heart Of Alibaba's Growth」
（「Forbes」 Yue Wang）
（https://www.forbes.com/sites/ywang/2017/01/26/superstar-influencers-chinas-internet-celebrities-at-heart-of-alibabas-growth/#47dfac12c98c）

※6 「Wang Hong: China's online stars making real cash」（「BBC NEWS」 Grace Tsoi）

(https://www.bbc.com/news/world-asia-china-36802769)

※7「2017年版　国内クラウドファンディングの市場動向」（矢野経済研究所）

(https://www.yano.co.jp/press/press.php/001730)

※8「専業主婦世帯と共働き世帯　1980年～2017年」（労働政策研究・研修機構）

(https://www.jil.go.jp/kokunai/statistics/timeseries/html/g0212.html)

※9「女性活躍推進法による女性活躍の加速・拡大に向けて――平成29年版男女共同参画白書から――」（内閣府男女共同参画局）

(http://www.gender.go.jp/public/kyodosankaku/2017/201707/201707_02.html)

第2章 選べない買物の悲劇

「買物疲れ」の脳内で起きていること

ヨウコさんの場合

買物が幸せでなくなったのは、情報、モノ、買い方が氾濫する一方で生活者はますます忙しくなり、「選ぶ力」が減少して「選びたいのに選べない」という状況を迎えていることが原因だった。その背景は理解できたが、ではいま、彼らはどのような気持ちで買物に向き合っているのだろうか？　その実態を生々しく表す、とある女性へのインタビューを紹介しよう。

「服が大好きなのに、なぜか買えなくなってしまいました」

ヨウコさん（仮名・女性・25歳）は大学卒業後、2年前に関西から上京した社会人。家にテレビもなく、ほとんどの情報とスマホで接触するいまどきの若者だ。インスタも使いこなし、友達の近況も毎日これでチェックしている。

彼女は言う。「私たち空気を吸うようにインスタをしているんですよ」。これは頻繁にインスタを見たり、投稿したりしているという意味だけではない。人間は空気を吸わなくては生きていけない。それと同じくらいにインスタが重要だ、という意味も含んでいる。

そして買物をする際にも、いま何が流行っているのかインスタを使って検索。日々更新され続ける情報をチェックするのだという。そんなスマホ時代の申し子とも言える彼女に話を聞いていると「でもなんか、最近幸せでないんです」と語り始めた。「大好きだった洋服が、最近買えないんですよ」と。

学生時代、彼女はとにかく洋服が大好きだった。奨学金をもらい大学に通いながら、懸命にアルバイトをし、節約して貯めたお金で自分の好きな洋服を買うことが何よりの喜びだった。その情熱が買われ、自分の大好きだったブランドの販売員として、学生であるにもかかわらずスカウトされたと言う。

「私、結構売り上げる販売員だったんですよ（笑）。あんまり洋服は売らないで友達みたいに会話するの。そうすると逆になぜか服が売れていくんです」

状況を思い出し、ほくそ笑む。

しかし大学を卒業し、マーケティング会社の正社員となってから状況は一変する。勤務は朝9時から夜8時頃まで平日5日間。与えられる仕事は店頭で服を売るのとは全くちがった内容で、慣れるのにひと苦労した。そんな忙しい中でも友達とのSNSのつながりで生きていくためには写真映えする鮮やかな風景や物をわざわざ探してインスタグラムにアップし続けなくてはいけない。

もちろん、自分のこだわりである服への情熱もあるから、スマホでファッションニュースをチェックするなどの努力も怠らない。

そんな毎日を送る中、彼女は夏に着る「黒いワンピース」を欲しいと思った。しかし平日にお店に行く時間はなかなか取れない。休日は家で休息もしたいし、友人との外出もある。そこで毎日の会社の行き帰りの電車の中でSNSで人気モデルが投稿する洋服や、ファッションブランドが投稿する新作情報をチェック。またインターネットショッピングサイトで「黒/ワンピース」と情報を絞り込んで検索。こうして調べた情報の中で「ちょっとこれ良いな」と思ったものをとりあえずスマホの中に保存して、時間がある時にじっくり検討して選ぼうと考えた。

実際に会社の行き帰りの合計1時間程度の通勤で情報を集め出すと、たくさんの情報がチェックできた。中には「お、これ素敵」と思うものにも出会ったがすぐには決めず、保存。そうするうち100以上の気になる黒いワンピースの商品情報を集められたという。

そして、いよいよ自分が買う一着を選ぼうと収集した情報を見返したところ……彼女は混乱し始める。調べれば調べるほど同じような黒いワンピースでも価格は異なり、口コミの評価も異なる。同じ商品でも、あるサイトでは評価が「5点満点中4・5点」だったのに、別のサイトでは「3点」なんてこともザラにあるのだ。さらに先週「これ素敵」と思って保存したワンピースの値段が、いま見た時には上がっている。なんだか悔しくてこれを買う気持ちにもなれない。彼女の混乱はさらに加速する。

「私、洋服に限っては詳しいし、トレンドもわかってる。自分なりのセンスもあるのでたくさん商品があっても自分にあう一着を選べると思ってたんですよね」

けれど選ぼうとすればするほど、何が決め手なのかよくわからなくなる。考えあぐねているうちに黒いワンピースを着たい夏シーズンは近づいてくる。もう一度しっかり考えて選ばなきゃと思って保存した情報を見返す、その間にもSNSには新しい洋服の情報がどんどん飛び込んでくる……そのうちに彼女の考えは全くまとまらなくなってしまった。

「結局、よくわからないまま夏が来て、去年着てたワンピースをまた着ちゃったんですよね」

寂しそうに笑いながら彼女はそう言って、こう続けた。

「それから買物の楽しさがもう、よくわからないんです、わたし」

自分の大好きな趣味であり、生活を充実できる手段だと思っていたファッション。しかしそのファッションをうまく選べなくなったことで、彼女の自分に対する自信は大きく下がり、生活を充実させてくれていた洋服にも以前より興味を持てなくなったという。

まさに「選びたくても選べない」買物の典型とでも言うべきヨウコさんのケースだが、一体彼女の中で何が起きているのだろうか？

脳科学や心理学の研究知見を参考にしながら考えてみたい。

脳は「大飯喰らい」の「省エネモード」？

脳の重さは男性で1350～1500グラム、女性で1200～1250グラム。体重に占める割合でいえば、わずか2％である。にもかかわらず、人間の1日に消費するカロリー基礎代謝量の20％を脳が消費しているのだ。同じように基礎代謝量の20％を1日で消費する「骨格筋（腕や足などを動かすための筋肉）」が体重に占める割合はおよそ30％。脳がその大きさの割にいかに「大飯喰らい」であるかがわかるだろう。

この脳の構造は今も原始時代から変わらない。原始時代、狩猟採集生活を送っていた人間は毎日十分なカロリーを摂取できていたわけではなかった。いわばその日の獲物や木の実の「取れ高」によって摂取できるカロリーは大きく変化していた。場合によっては全く食べられない日だってあっただろう。その中で効率の悪い臓器である脳がさらなるエネルギーを使うことは望ましいことだっただろうか？

厳しい状況下でも効率的に脳を維持するため、私たちの脳はこれでも「省エネ」の構造になっている。脳全体で860億もあると言われる脳神経だが、この神経細胞すべてに情報を送ろうとすると、その指令に使われるエネルギー量が多く到底エネルギーが足りない。だから、人間の脳はその脳神経を維持するためにあえて全体の1％から16％の神経細胞しか使っていないという。※1

こう語った米国の医師で神経学者のリチャード・E・シトーウィック氏はさらにこう述べている。

「ですので、私たちが同時にいくつものことをやろうとすると、失敗して無駄足を踏むことになりがちです。私たちの脳は、2つ以上のことを同時にやれるだけのエネルギーを持ち合わせていません。3つや5つなんて、とても無理です」

膨大ですぐに変化する口コミ、商品、価格、多様な買い方……限られた時間の中であまりにも多くの情報を処理しようとして「選べなく」なったヨウコさんの脳は、限界に達していたのかもしれない。

「選択肢が多いほど、自由で幸せ」は間違い

このような脳の限界を裏付けるような説は、心理学界からも報告されている。そこから見えるのは「選択肢が増えるほど、選ぶ幸せも増えるわけではない」ということである。

有名なのが2004年に米国の心理学者、バリー・シュワルツ氏から提唱された「選択のパラドックス」という現象だ。

シュワルツ氏は投資信託会社から提供される投資の選択肢が多くなればなるほど出資する人数が減少することに注目。選択肢が多いほど決められず、出資できないという事態を発見したのである。

その理由として「多くの選択肢の中から正しい選択をしようとして失敗する恐怖」をまず挙げている。2つよりも3つ、5つと選択肢が増えるほど「最善の選択肢」を選べる確率は低くなる。正しい選択をしようとして選ぼうとするのに、選べないという矛盾がおこるのだ。

さらに選択肢が多すぎるがゆえに「選択した後に後悔する気持ち」が生まれ、結果的に買物の満足度を下げてしまうのだという。多くの選択肢を検討し、労力を使ってなんとか決定をする。しかし、選択したにもかかわらず、なんだかすっきりしない。自分が切り捨てた他の多くの選択肢もまだ捨てがたく思えるのだ。その結果「他のものを選んだ方が得だったのではないか？」という思いがめぐり、**「この選択で良かったのか」「他に最良の選択肢があったんじゃないか」と後から思い悩み、買物の満足度自体を下げてしまうのだ。**[※2]

次に紹介するのが、テンプル大学神経意思決定センターのアンジェリカ・ディモカ氏が行った実験だ。多くの選択肢が人の意思決定を困難にさせるという事象を明らかにするため、脳内の血流の流れを調べるｆＭＲＩという機械を使い、選択をする時の人間の脳の活動を把握しようとした。

実験では「空港の発着枠」を購入する架空のオークションを実施した。参加者は航空会社の担当者という設定で実験に参加する。単品でも発着枠を購入できるし、何種類か組み合わせての購入も可能だ。発着枠の価格は、天候条件や飛行機の乗客数、自社に最適な航空機同士の乗り継ぎのタイミングなどの条件によって変動する。様々な条件がからむ、「組み合わせオークション」と呼ばれるものだ。参加者は自分の欲しい条件の発着枠を、なるべく安く購入することが求められる。

例えば、あなたは航空会社の担当者として上海から東京を経由し、ニューヨークに向かう飛行機のために羽田空港の発着枠をなるべく安く買わなければいけない。しかし昼間の発着枠は当然高く、深夜になるほど安くなる。安い深夜の発着枠を買えばいいかというと、それでは上海からやってくる人々のニーズが減少し、乗客が集まりにくい。昼間でも乗客300人以下の航空機のための発着枠なら安く買うことができるが、それでは航空路線の採算が悪くなる。さらに雨が降ると価格が3割引きになる発着枠も存在している。どうやらこの発着枠は、深夜1時発の発着枠と一緒に買うとさらに2割引きになるらしい……。けれど深夜1時の枠を一緒に買って採算は取れるのだろうか……?

このようにあらゆる条件を加味し、さらに自分と競合する航空会社の人間の動向も見つつオークションで競り合わなければいけない。これは安い! と思った発着枠がオークションで競り合った結果、想定よりも高くなる可能性もあるのだ。

アンジェリカ・ディモカ氏は、このような実験の最中に参加者の脳内血流を観察した。すると、自分が購入しなければいけない空港の発着枠に関する情報がどんどん増えていくと、人間の意思決定を司る背外側前頭前野皮質の動きが活発化。それだけ大量の情報を処理、判断しようとしていることが見てとれた。しかし更に情報量を増やしていくと、あるレベルを超えたところで突然脳は活動量を低下させたのだ。不安、不満を感じている様子も見られたという。※3

ジャムの実験

情報量が多いと選べなくなることを示した実験をもう一例紹介しよう。もはや古典といってもよい、コロンビア大学シーナ・アイエンガー氏が1995年に実施した「ジャムの実験」である。

スーパーマーケットに24種類のジャムの試食コーナーと6種類のジャムの試食コーナーを置いてみて、どちらの試食立ち寄り率、購入率が高いのかを計測した。

24種類のコーナーでは前を通り過ぎた客のうち60％が試食に立ち寄り、6種類のコーナーの立ち寄り率40％を大きく超えた。しかし、実際の購入率では、その差は大きく逆転した。24種類のコーナーの購入率は、立ち寄った客の3％にとどまり、6種類のコーナーは立ち寄り客の30％が購入まで至っていたのである。

両方のコーナーを100名のお客さんが通過していたとすれば、

【24種類のジャム試食コーナー】
立ち寄り客60人、購入客2人
【6種類のジャム試食コーナー】
立ち寄り客40人、購入客12人

と最終的な購入者でいえば選択肢が少ない方が6倍もの売り上げが立つことがわかったのである。**選択肢が多い方が「選ばれない」**という皮肉な状況がよくわかる結果となっている。

モノが良くても「売れない」時代

さて「なぜ買物欲があるにもかかわらず、商品を選べず、買物欲を忘れてしまうのか？」。これまで、その背景を「買物の歴史／買物環境の変化／生活環境の変化」さらに心理学や脳科学の見地からも探ってきた。

最近「ああ、選ぶことが面倒くさい！」と思っていた背景にこんなことがあったのかと思った方、自分も「欲しいことを忘れた」ことがあると思った方、様々いるかもしれない。

ただ、筆者が特に強調したいのは、これは「危機」であるということだ。とりわけ生活者向けにモノやサービス、コンテンツを売っているビジネスマンにとって見過ごせない「危機」といっていい。**「欲しいけれど選べず、買えない」生活者はもはや生活者の**

8割。この生活者にいままで通りのビジネスはもはや通用しない。

かつてモノが売れなかった時、企業はその原因を「モノ（やサービス）の品質そのものが良くないからだ」と考えがちだった。だからこそ日本企業は「カイゼン」を重ね、顧客の要望や声に耳を傾け「安くて品質の高いモノやサービスづくり」に成功してきたのである。

しかし、いま起きている「選びたいけど選べない」時代状況は大きく異なる。どんなに改善を重ね、商品やサービスを磨き上げ、市場に「自社商品は素晴らしい！」と呼び掛けても玉石混淆で膨大な情報の渦に呑み込まれてしまえば、生活者は選べない。選べなければ、売れない。これまでの改善型のマーケティングや商品戦略、自社商品の素晴らしさを伝えようとする情報コミュニケーションが容易に通じない厳しい時代を迎えているのだ。

今後も情報は増え続けるし、モノも買い方も増え続ける。より複雑化する買物環境の中でモノ・サービスを買ってもらうためにも、従来の発想とは異なる方向のマーケティングを行うことが求められているのである。

今の時代の「買物」を捉える――全国買物実態調査

「選べない生活者」の買物実態を把握するため、買物研は2017年12月に全国の20代から60代の男女1000名を対象としたアンケート調査を実施した。

この調査は生鮮食品、清涼飲料、シャンプー、化粧品などの日用品から、家電、情報機器、自動車などの耐久財、さらには金融商品、有料定額動画配信コンテンツなどの必ずしも明確な形が存在しない商材まで27種類の商品を調査からさかのぼる一定期間内で「買った」と答えた生活者に対して実施した。自分が購入した商品に対して「購入する際にどんな意識、態度で買ったのか」を質問し、さらに最近「買物全般」について感じていることを答えてもらうことで「個別の商品の購入意識」から「買物全体の意識」まで幅広く生活者の買物に対する意識を明らかにした。

その結果から見えてきたことをいまからご紹介したい。

分析結果1　意識的に買物に

全国買物実態調査 2017

普段、あなたがご自身で商品・サービスを選ぶ際の考えや気持ちについて教えてください。

全**27**カテゴリーに対して1000人の**買物行動**や**買物意識**を聴取。また、情報意識や未来の買物サービス利用意向も調査。

■調査地域： 全国
■調査時期： 2017年12月22日～24日実施
■調査方法： インターネット調査
■調査対象： 20～69歳の男女1000人
（10歳刻み年齢割付　各100s）
■調査機関： エム・アール・エス広告調査 株式会社

「メリハリ」をつけ始めた生活者

まず1つ目の大きな発見として我々が注目したのは**生活者が意識的に買物にメリハリをつけ始めた**ということだ。買物に対する意識、態度として「手間をかけたい買物と効率的に買いたい買物を意図的に分けている」という意識が71・8％と7割を上回ったのである。

ここから、多くの生活者が意図的に「労力をかけてしっかり選ぶ買物」と「労力を効率的に使って手早く終わらせる買物」へ買物を商品カテゴリーによって分別している実態を発見することができた。

そして、注目すべきことがある。自分の買物を「手間をかけたい買物」と「効率的に買いたい買物」の2極により強く意識して買物を分けている人ほど「身の回りの情報は多すぎる」という情報過多感、「身の回りのモノが多すぎる」というモノの飽和感、さらには「自分にはやらなければいけないことがたくさんある」という多役感を強く感じていたのである。

分析結果2　商品の過半数は「選ぶのが面倒、お任せしたい」買物へ

それでは、生活者が買物に「メリハリ」をつける中で、具体的に「どのように」メリハリをつけているのかを次に見てみたい。我々は生活者に今回質問した27商品を買った際の「意識や態度」から、それぞれの商品が「どう思われて購入されたのか」を分析してみた。

まず分析したのは、27商品の「メリハリ」度について。

今回質問した27商品について「労力をかける（＝より自分で進んで選びたい商品）」なのか？　それとも逆に「労力をかけない（＝より選ぶのが面倒、誰かにお任せしたい商

商品の過半数は
「選ぶのが面倒、お任せしたい」買物へ

任せたい・面倒な買物 **15カテゴリー**	自分で選びたい買物 **12カテゴリー**
・生活家電	・生鮮食品
・娯楽家電	・菓子・デザート
・情報機器	・アルコール飲料
・有料スマホアプリ	・調味料
・金融商品	・清涼飲料
・教育・学習教材	・オーラルケア品
・旅行・交通	・家具・雑貨
・有料定額配信サービス	・ファッション
・ファッション系定額サービス	・書籍・音楽・動画
・外食	・映画・ライブ・スポーツ観戦
・医薬品・サプリ	・自動車
・洗剤	・住宅
・ボディ・ヘアケア品	
・化粧品	
・加工食品	

品)」なのか？　という2方向で、どちらに当てはまるのかを分析。すると**全27商品中過半数の15商品が「選ぶのが面倒、誰かにお任せしたい」商品になっているる**という現状が見えてきたのである。

特に「選ぶのが面倒、誰かにお任せしたい」という意識が強かったのが「有料スマホアプリ」、次いで冷蔵庫、洗濯機などの「生活家電」、株・投資信託などの「金融商品」、スマホ・パソコンなどの「情報機器」さらには「化粧品」なども「選ぶのが面倒、誰かにお任せしたい」という意識を持たれていた。これらは商品そのものの情報や口コミ情報も多い高機能な商品が入っており、**「情報ストレス」が感じられやすい商品群**だと言えるかもしれない。

「選ぶのが面倒、誰かにお任せしたい」という意識は、深層心理だけでなく、具体的に商品を選ぶ際にも影響を与えていたのである。

この結果をもとに、実際に世の中に目を向けてみると「選べない」「お任せしたい」という意識に対応するような試みも生まれてきている。この「選ばない」「お任せする」買物の実態を次項では少し紹介しよう。

勢いを増す「選ばない」買物

あまりにも買物の選択肢が多くて「選べない」生活者。ならば選択する面倒くささやストレスをなくしてしまおう。生活者の変化に対応してそのような発想も生まれてきている。いわば「選ぶ幸せ」ではなく「選ばない幸せ」を実現しようとする考え方だ。この「選ばない幸せ」として一体どのような買物のあり方が出てきているのか？　いまから見てみよう。

インターネット上で衝動買いを促進する

米国で毎年開催される「Path to Purchase EXPO」。その名前の通り「購入」に至るまでの買物マーケティングをテーマに全米の小売業やマーケティング会社が集まり、これからのモノの売り方について議論をする場所である。2017年に開催されたこのエキスポのシンポジウムにおいてまさに「選べない買物」の時代ならではのテーマが議論された。

それは「デジタル時代の衝動買い」について。インターネットショッピングで「いかに上手く衝動買いをさせるか?」が議論されたのである。かつてのように「商品を知ってもらい、覚えてもらい、店頭に来てもらい、比較をしてもらい……」というステップを踏んでいたのでは、情報量の多いこの時代に商品は買ってもらえない。もはやスマホでいつでもどこでも買物ができる時代なのだから、瞬間的な「欲しい!」という感情を高めて、余計なことを考えさせずにその場、その時に買ってもらうことが重要であるという議論がされた。
情報もモノもあふれるインターネット上だからこそ「衝動買い」が重要。これは少し皮肉めいた響きにも感じられる。インターネットはロングテールで商品数が多く、いろいろな情報、商品を調べて比較できる。そんな「賢い買物」の入口だったはずなのに、いまや「衝動」をどう高めるのかが重要なテーマになっているのである。※4
実際に、このようなインターネットショッピングにおける「衝動買い」の仕組みには面白いものが出てきていると感じている。先日筆者は、製品全体が木でつくられた腕時計のバナー広告を目にして興味を持った。海外のメーカーがつくった商品だったのだが、そのバナーをクリックして商品のページに行くと突然画面上にルーレットが出てくる。どうやら、このルーレットを回すと商品価格割引のクーポンがもらえるらしい。ルーレットの中には「10％オフ」から「50％オフ」、残念ながら「0％（定価）」というものまである。少しわくわくしながらルーレットを回すと、くるくるとリアルにルーレットが回転したうえで見事「30％オフ」クーポンが当たった。ただ「木でできた時計ってなんだろう」と興味を持っただけなのに、その場で買いたい気持ちが一気に高まった。このように、ただ商品に興味を持たせるだけでなく「その場、その時」に買わせるために衝動を高める知恵を、売る側も磨いているのだ。

もちろん、このような手の込んだ仕組みはなくとも、最近インターネットショッピングサイトが「タイムセール」や期間限定のバーゲンを実施することや、期間限定クーポンを発行することは当たり前になった。

ただ単純にモノを選ぼうとするとなかなか選べない生活者に対して様々な知恵を使って「衝動が高まったもの」を購入してもらう、というやり方は情報過多時代の買物の入口として有効なのだ。

決めない買物、お試しショッピング

さらに「買うことを決める」という選択にストレスを感じさせない方法も生まれている。それがいわば「お試ししてから買う」というスタイルだ。

従来化粧品やサプリメントなどで「試供品」を使ってから買うというスタイルはあったが、そのお試しを家電などの高額商品まで拡大する動きがみられる。近年、10万円もする高機能炊飯器やロボット掃除機が当たり前に売られ、美容家電なども充実している。家電は高性能化し、その用途も多様になり、カタログやホームページを見ただけではその性能を判断して「買う」と決めることは難しい。

そこで生まれたこの「お試し」サービス。家電量販店やITベンチャー企業が次々にサービスを開始し、カメラ、高機能炊飯器、ロボット掃除機が特に人気が高いという。2017年にはパナソニックが銀座に高級美顔器やドライヤーなどのお試し体験ができる「パナソニックビューティサロン」をオープンした。

高額な商品の購入を決断するストレスを「とりあえずお試し」という気持ちでやわらげ、買うハードルを下げてストレス回避する手法と言えるだろう。

盛り上がる「お任せ買物」モデル

そして「買うことを選択する」ストレスの回避どころか、もはや「自分で選ばなくて良い」ことを売りにする買物のスタイルまで現れている。特にこれはファッション、アパレル分野で顕著だ。

例えば日本でファッション定額レンタルサービスの先駆的サービスを行っている「エアークローゼット」。一番安価な1カ月プランであれば、毎月6800円（税抜き／返送料別／2018年7月現在）で3着まで洋服を借りることができ、家まで配送してもらうことができる。ここまでだと「ただの洋服のレンタルサービスか」と思われるかもしれないが、この洋服は、事前に登録した自分の好みや、洋服を着る目的に合わせてプロのスタイリストが選んだ洋服なのだ。

気にいらない服はもちろん変更して大丈夫。そうするとスタイリストは「この服は好みではない」ことを認識する。このやりとりを何度も繰り返していくうちにプロのスタイリストは、ユーザーの好みをより正確に把握し、好みに合った洋服を送ってくれるようになる。

このようなファッションをお任せできるサービスは次々立ち上げられ、2018年現在10社近くがサービスを行っている。先ほど情報量が多すぎて服を選べなくなったヨウコさんの例を紹介したが、商品数も情報も多いファッション、アパレル領域だからこそ、先駆け的にこのようなサービスが出現しているといえるだろう。

進化し続けるパーソナライズ技術

人工知能（AI）技術などを活用しながら、その人ぴったりのモノを提案する、より高度な「お任せ」の試みも進んでいる。その1つがパーソナライズ技術だ。インターネットで買物したり、動画サイトを視聴する際に「あなたにおススメ」という商品、作品が表示されるのを目にしたことがある人も多いだろう。こういったサイトやアプリは、あなたが過去に買った商品の履歴や、鑑賞した動画の履歴から、あなたと同じような傾向を持つ他の人はどんなものが好みなのかをコンピュータが分析しておススメを表示している。このようなパーソナライズ技術は今後ますます進化していくと言われている。

例えば化粧品の分野では、カメラに顔を映し出すだけでおススメの化粧品を分析、提案してくれる「revieve」というシステムがすでに実用化されている。カメラが人の顔の形や目や鼻の位置、肌の色、肌の状態まで瞬時に診断し、その人の化粧の目的や好みに合わせて膨大なデータから、おススメの化粧品を分析し、いくつかの商品を提案してくれるのである。さらに、ただ商品を提案するだけでなく、その化粧品を使うと実際にどんな表情になるのか、スマホ上の自分の顔にメイクをした状態をバーチャルに再現する。顔をスマホのカメラで写しただけで、自分にぴったりの化粧体験ができるシステムになっている。※5

実際にこのシステムを導入した企業で購買転換率（集客数に対して、商品が購入される確率）が1・5倍に向上した実績があるという。

まさに「お任せする買物」の極致と言えるかもしれない。

「選ばない買物がすべて」になっていいのだろうか？

我々の調査結果、さらに近年の買物トレンドの分析からは、選択にともなうストレスを回避するために、生活者が「選択を放棄」し、「お任せ」する傾向が見えてきた。情報・モノ・買い方があふれる一方で、買物に割ける時間も余力も減少する時代に、脳を疲労させず買物の満足度を上げるためには、この傾向は合理的なようにも思える。

それでは、これからの企業はすべて、この「選ばない／お任せ」な潮流を捉えて、生活者の選ばない幸せを叶えるマーケティングのみを目指せばいいのだろうか？　筆者にはそれはとてもリスキーな判断のように思える。

この流れに企業自身も身を任せるということは、商品やブランドに対する生活者の「愛着」をどこかで切り捨てなければいけないという判断だからである。選択を放棄し、すべて「お任せ」な買物において、生活者にとって重要になるのは「いま欲しくなった場面」で衝動買いできる「価格の安さ」や、目利きやＡＩが選んだ商品が「自分に合いそうか」という非主体的な判断になるだろう。買物時の判断ストレスを少なくするためにはこの考え方は正しい。ただ、すべての買物がこのような流れに乗り、徹底された場合、**生活者にとっての買物は「どの商品でもブランドでも手ごろで、自分に合いそうならいい」とその場限りの愛着のない存在になる**。そこにおいて企業が積み上げてきた、ブランドや信頼の意味は薄れる。するとどうなるか。企業はその場限りで選ばれるためのむやみな値下げや、「個人に合いそうなモノ」を膨大な商品からチョイスするＡＩ技術におもねった商品開発しかできなくなるだろう。生活者の膨大な商品購買履歴や、趣味嗜好を読み取るＡＩ技術が生活者にどんな商品をおススメしがちでよく売れるのかという逆算から商品を開発しなければならなくなる。

もちろん、いま現在、ＡＩ技術でなくてもコンビニエンスストアの売り上げデータから逆算した商品開発などはすでに行われている。このような市場に合わせた商品開発は企業にとって必要だ。しかし選ばない買物が支配的な世界で「ＡＩ技術に選ばれやすくする」という視点のみで商品を開発する時、既存のデータの蓄積、分析を超えた革新的な商品開発や企業の独創性は失われはしないだろうか？

そしてシビアなことを言えば、このような選ばない買物の世界で生き残る企業の数はそう多くはないかもしれない。データは21世紀の「資源」と言われるように、その入手活用には高額な投資が必要だ。選ばない買物の実現のためにはＡＩ技術に分析させるための膨大なデータと精緻な管理が必要となる。そうするとこの世界で生き残るのは、この膨大な生活者データシステムに投資できる一握りの企業ということにもなりかねない。果たしてこの道のみを進むことは企業にとって幸せなことなのだろうか。

また生活者サイドの視点から見ても、生活者もすべての買物が「選ばない／お任せ」となることを望むのか、という疑問も残る。生活者にとっては選ばなくても自分に心地の良い商品ばかりが提案される世界にストレスはないが「これが大好き！」という意外性をもった発見やときめきは減っていく。そして、自分の判断を棚上げし、ＡＩが行った分析から与えられるものを嬉々として受け入れるような状況になることを生活者自身が望むのか。

そんな疑問を持った研究の途上で、ある一本の論文と出合った。そこには人間の行う「自由選択」の重要性が書かれていた。

それでもヒトは選びたい

人間は根本的に「自由選択」を好む

私たちのチームが生活者の「自由選択」にこそマーケティングの未来があると考えたのは、次の論文がきっかけだった。

論文のタイトルは「〝選択の自由〟に関する実験心理学的研究」だ。[※6]

筆者である関西学院大学の堀麻佑子氏は論文の中で、「本研究の目的は、選択機会の有無が行動や認知に及ぼす影響について実験的検討を行い、各研究で得られた知見から『選択の自由はなぜ好まれるのか』について考察を行うこと」と述べている。

堀氏は先行研究を踏まえたうえで、ヒトが「ひとつしか選択肢がない＝強制選択」と「複数の選択肢がある＝自由選択」のどちらを好むかを調べる実験を行った。

実験は18人の被験者がカードをめくって、でてきた結果によって報酬（換金可能なポイント）を得るというもので、以下の3つの条件において、「強制選択」か「自由選択」かの、どちらがいいかを選ばせた。

①「強制選択」ではいつでも10点。「自由選択」では1枚が10点、もう1枚は15点。
②「強制選択」ではいつでも10点。「自由選択」では1枚が10点、もう1枚も10点。
③「強制選択」ではいつでも10点。「自由選択」では1枚が10点、もう1枚は5点。

結果は、条件①では18名全員が、条件②では18名中13名が、条件③では18名中14名がそれぞれ自由選択場面に対する選好を示した。

面白いのは、先行研究では条件③のように「自由選択」だと「強制選択」よりも損をしてしまうという場合に自由選択場面に対する選好は見られなかったのに対し、堀氏の実験では過半数が「自由選択」を選んだということだ。

さらに論文では、「カードの枚数が2枚であるが選択不可能（コンピュータが1枚自動的に選択する）である場面」と「カードの枚数が2枚であるが選択可能である場面」でどちらが選好されるかの実験も行っている。実験の詳しい手順はここでは割愛するが、結果は、やはり「選択可能である場面」が好まれた。つまり、選択肢があっても自分の意思で選べないことは好まれなかったのだ。

これらはあまりにも当然の結果のように思えるが、このシンプルな実験結果はある意味で、根本的なことを私たちに教えてくれた。

やはり**人間は「自由に選択できること」に価値を見出す生き物なのだ。**

思えばこれまでの歴史の中でも、人間は「自由に選べる」ということを求め続けてきた。例えば、その代表例といえば「選挙」だろう。長く王政や独裁が続いた中世までの時代、人々に指導者を選ぶ自由はなかった。しかし、市民が豊かになるのと同時に人々は「指導者を選ぶ」権利を求め始める。そして、その権利のために、時に命を懸け、権力と対決し「選ぶ権利」を獲得してきた。この流れは、中東諸国で相次いで独裁政権を打倒した2010年からの「アラブの春」で顕著なように、いまもまだ続いている。いわばこの「自由選択」への意志こそ、いま我々がいる自由な社会を形づくる根幹であるといってもいいだろう。

生活者自らが生み出す「新しい買物」

いま、生活者の目の前に広がっているのは、選択肢があるにもかかわらず、その数が人間の限界を超えて選びたくても選べない状況だ。しかし生活者に根本的な「自由選択」への欲求はある。そうであれば、この欲求をうまく叶えることで、これからのマーケットの可能性は開かれる。

だからこそ、我々は仮説を立てた。**「自由選択をしたい」という人間の根本的な欲求。この欲求を叶えるため、生活者は自ら膨大な情報や商品、多様化する買い方を乗り越える新たな工夫を始めているのではないか？**

次章では、この仮説から分析し、発見した、生活者の新しい買物行動をみていこう。

※1　「「人間は脳の10%しか使ってない」はウソ！　神経学者が脳ブームの迷信を語る」（logmi／2015年7月9日）
(https://logmi.jp/69779)

※2　「「人は自由になるほど幸福度が下がる」〝選択のパラドクス〟が起きる4つの原因」（logmi／2014年10月29日）
(https://logmi.jp/business/articles/26437)

※3　「The Science of Making Decisions」（Newsweek／Sharon Begley／2011年2月27日）
(https://www.newsweek.com/science-making-decisions-68627)

※4　シンポジウムの開催概要は以下のサイトに詳しい（「Path to Purchase Institute」）。
(https://p2pi.org/ecommsymposium)

※5　「revieve」公式サイト
(https://www.revieve.com/)

※6　「〝選択の自由〟に関する実験心理学的研究」（堀　麻佑子／2014年3月）
(http://hdl.handle.net/10236/12615)

第3章

勃興する買物新スタイル「枠内の攻略」

「選ぶのが面倒」の正体

「選ぶのが面倒、誰かにお任せしたい」という意識が強まる中で生活者の買物への関心はどうなってしまうのか？　増えすぎた情報、商品、買い方にうんざりした生活者が買物疲れを感じている現状が明らかとなった一方、人間には本能的に「自由選択」への意思があることもわかった。

第2章で紹介した生鮮食品、清涼飲料から家電、情報機器、さらには金融商品など27商品の買物意識、行動を明らかにした買物実態調査。本章ではこの結果をさらに分析する。「自分で選びたい」のか「任せたいのか」という視点だけでなく、商品を購入する

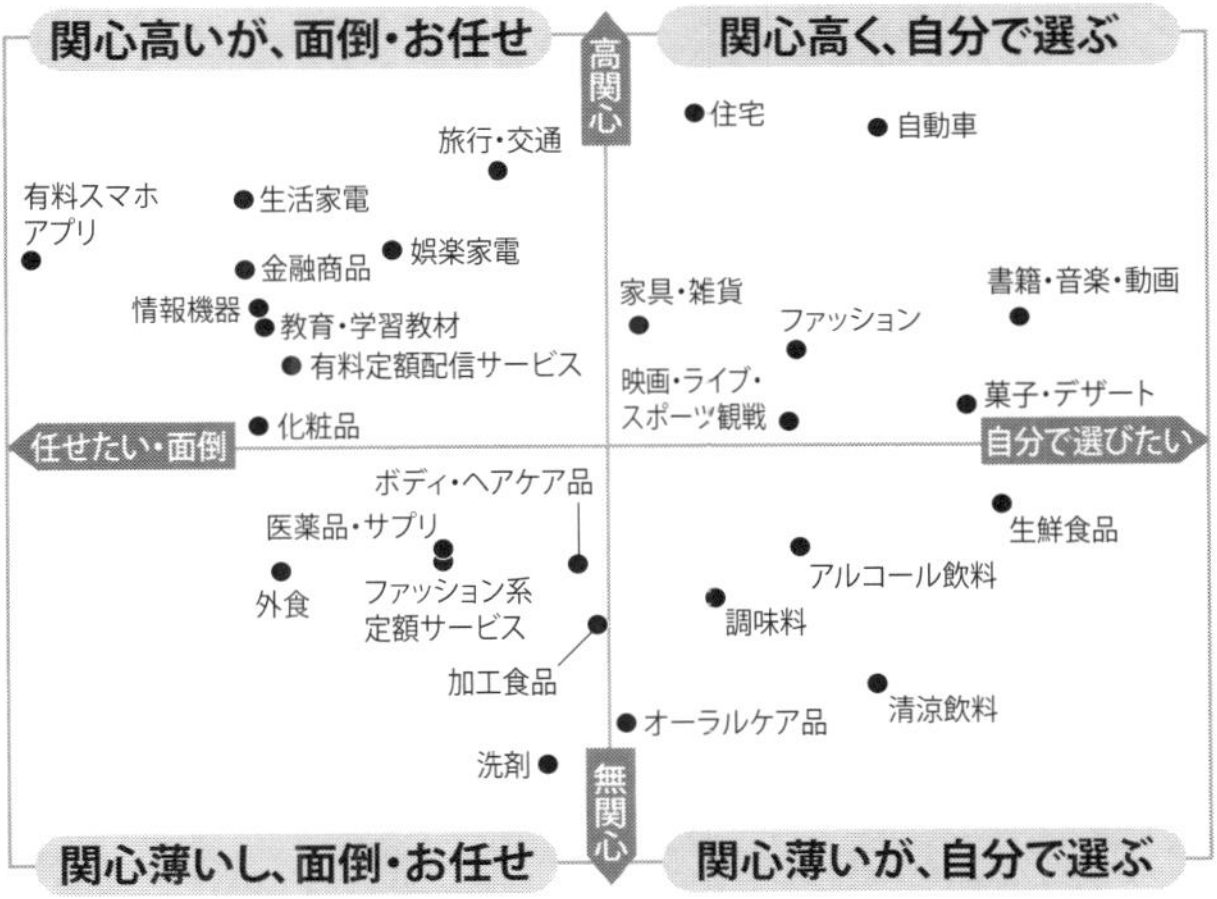

際に「その商品の買物に関心があったのか／薄かったのか」ということについても分析を実施。すると生活者がいま「どの買物に関心があり」「どの買物を自由選択したいのか」が詳しく見えてきた。

発見！「関心はあるけど選ばない」という新潮流

まずお見せしたいのがその商品に対して「関心が高いか／薄いか」で27商品を分類した上の表である。興味深いのが、必ずしも生活者は買物への「興味・関心」を失っていないということだ。表中の縦軸はその商品にどれだけ「興味・関心」を持っているかを表しており、表の上に行けば行くほど興味・関心が高いことを示している。その結果を見ると、全27商品のうち過半数の16商品が半分より上の「興味・関心のある」買物に入っていたのである。次に、「自分で進んで選びたい商品か――選ぶのが面倒で誰かにお任せしたい商品か」を、横軸にとり、比較の軸を組み合わせ、27商品を分類した。

上下左右4つの領域に27の商品が配置されている。この図は2つの軸から27商品を分類し、俯瞰《ふかん》した地図である。いまから、地図中の4つの領域について説明しよう。

右上の領域：「商品への関心は高く、自分で進んで選びたい」意識が強い（以下「関心高く、自分で選ぶ」）

右下の領域：「商品への関心は薄いけれど、自分で進んで選びたい」意識が強い（以下「関心薄いが、自分で選ぶ」）

左下の領域：「商品への関心が薄く、選ぶのが面倒で誰かにお任せしたい」意識が強い（以下「関心薄いし、面倒・お任せ」）

左上の領域：「商品への関心は高いけれど、選ぶのが面倒で誰かにお任せしたい」意識が強い（以下「関心高いが、面倒・お任せ」）

分析によってこれら上下左右の領域に配置された全27の商品カテゴリーを見ると、これらの商品がいま生活者にどう選択されているのかがよくわかる。まずは各領域の買物の特徴と近年のトレンドについて見てみよう。

右上の領域：関心高く、自分で選ぶ

住宅、自動車、家具・雑貨、ファッション、書籍・音楽・動画、菓子・デザート、映画・ライブ・スポーツ観戦が入っているこのカテゴリー。このカテゴリーの買物に共通する買物意識は「商品・サービスを選ぶことが好き／楽しい」「買う場所にはワクワクできる仕掛けがある」ということ。この領域では、まず住宅や自動車などの高額商品が目につく。これらは価格が高く、生活に密接に結びつくカテゴリーなので、この領域に入っているのもうなずけるだろう。一方で、趣味性の高い商品が多いことにも注目したい。

例えばこの領域に入っている、雑貨カテゴリーは近年、従来あった100円ショップだけでなく、300円均一で人気を集める「3COINS」が登場。他にも三省堂書店が

関心高く、自分で選ぶ

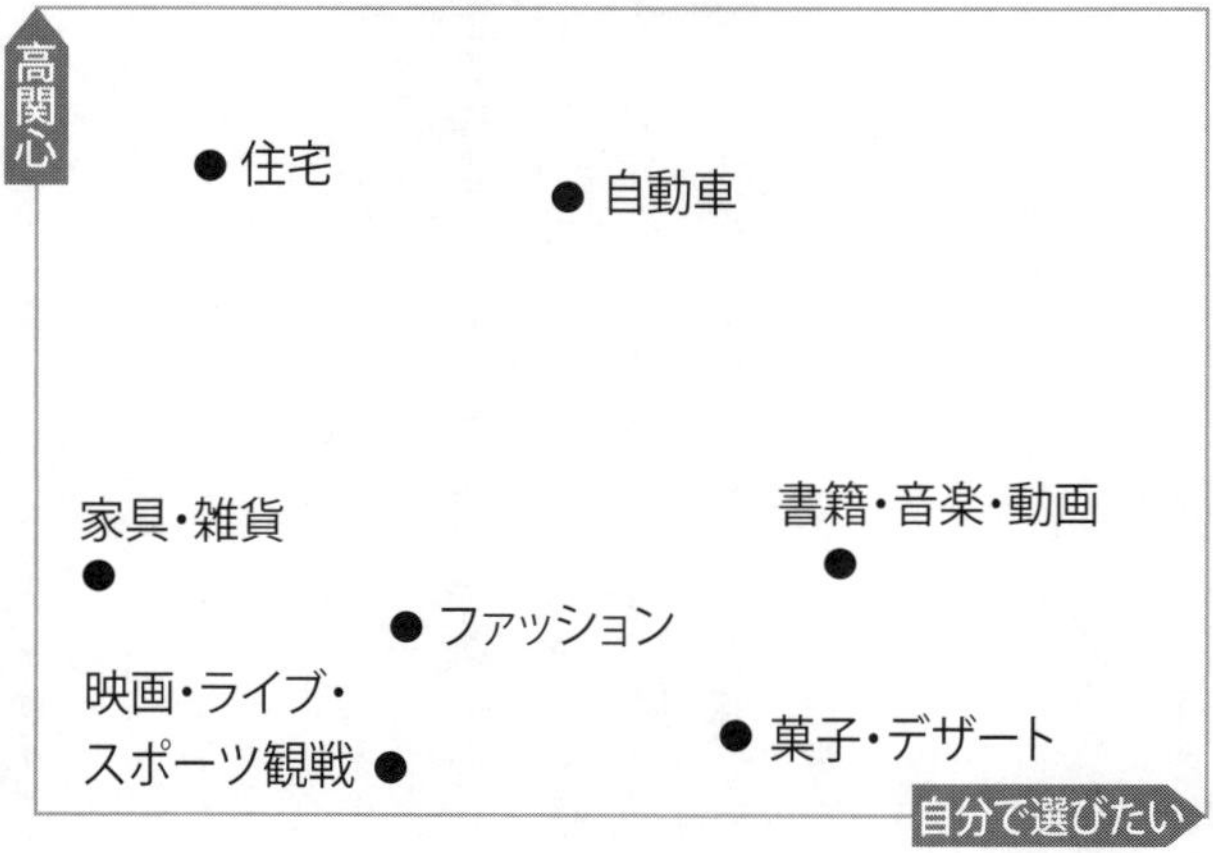

立ち上げた手づくり商品を中心とした雑貨店「神保町いちのいち」が店舗数を拡大していたり、アパレルブランドの「koe」がライフスタイル提案として雑貨を販売するなど異業種からの参入も増加。選ぶ楽しみのある店舗が増加した。これらの店舗はターミナル駅の近くやその構内にも出店しており、通勤通学の行き帰りに、お店に立ち寄って気軽に商品を選ぶ楽しさを提供している。

また食品系で唯一この領域に入っている菓子・デザートは、近年ＳＮＳでの話題化を狙った商品が生まれ、より「選ぶ楽しみ」が広がった。特に若い世代では

SNS上で「映える」色鮮やかなデザートが人気で、東京・原宿では「電球型の容器に入った色鮮やかなソーダ」を売る原宿電気商会や「ピンクや青色の巨大な綿菓子」を売るトッティキャンディファクトリーが話題となっている。いまもなお、色や形が特徴的なスイーツを売り出す店舗は増加しており、SNS映えするお菓子の市場は活性化している。

「自分でいろいろ見て選ぶことが楽しいし、苦にならない」買物の領域だと言えよう。

右下の領域：関心薄いが、自分で選ぶ

生鮮食品、アルコール飲料、調味料、清涼飲料、オーラルケア品が入っているのがこの買物領域。スーパーマーケットなどで売られている日用品が多いことが特徴だ。この領域に共通する買物意識は「ある程度の品質があればどれでもよい」「直感で選びやすい」「選ぶのは大した手間ではない」というもの。

この領域を手がける店舗として近年象徴的なのが「道の駅」ではないのだろうか。ちょっと車で外出した時に手軽に立ち寄れて、その場で地元の飲料、食品などとの出合い

関心薄いが、自分で選ぶ

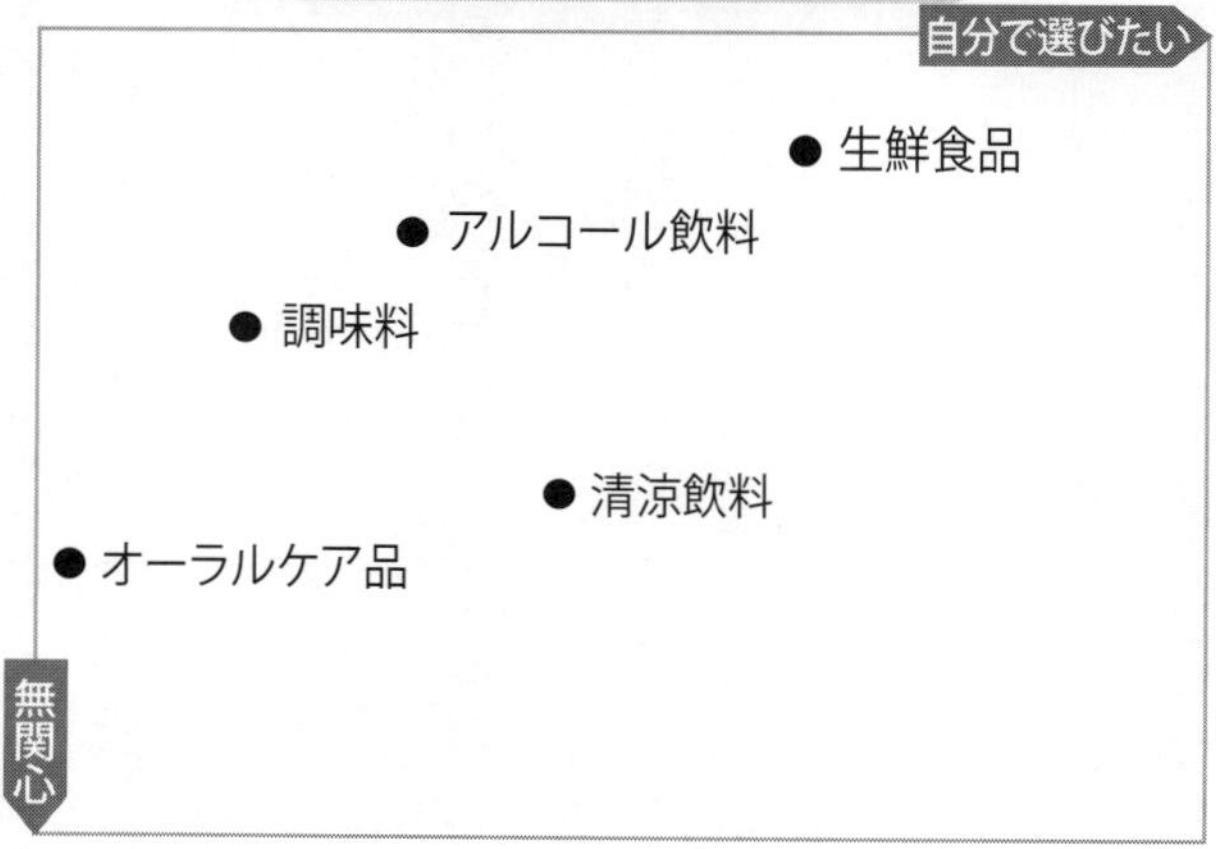

を楽しめる場所として人気になり、18年4月現在で全国に１１４５駅存在している。読者の中にも何が目的というわけではないが、ドライブのお手洗いのついでになんとなく立ち寄ってその場で地元の物産を楽しんで帰ったことのある方も多いだろう。

こう見てみるとこの買物の特徴は、**一つひとつの商品に対する関心はそんなに高くないけれど、選ぶ手間もそんなにかからないから「選べる」**という点だ。いわばこだわりが特に強くないから、かえってその場での出合いを直感的に楽しめる買物の領域であるといえるだろう。

左下の領域：関心薄いし、面倒・お任せ

この領域に入った商品は、医薬品・サプリ、ボディ・ヘアケア品、加工食品、ファッション系定額サービス、外食、洗剤の6商品。これらの商品に共通する意識としては「商品・サービスを選ぶとき、あまり時間をかけたくない」「周囲の詳しい人が勧めるものを選ぶことがよくある」「ある程度の品質があればどれでもよい」というもの。日常的に購入、使用する商品が多く、ある程度の機能・品質があれば満足できるこのカテゴリー。成熟した日本の一般消費財市場ではある程度の品質・機能を持った商品は多く、そんなに真剣に吟味しなくても済むため関心は薄い。しかし外食、医薬品・サプリ、加工食品、ボディ・ヘアケアなど、口に入れたり、体に接触する商品も多く、あまり手ひどい失敗はしたくない。そのため自分ではそこまで真剣に吟味しないけれど、失敗しない程度に間違いないものをおススメされたいという意識が働いているようだ。

この領域に娯楽の代表ともいえる「外食」が入っているのは、意外に感じられるかもしれない。もちろん店選びにとことんこだわり、メニューを吟味して外食を楽しむ人も

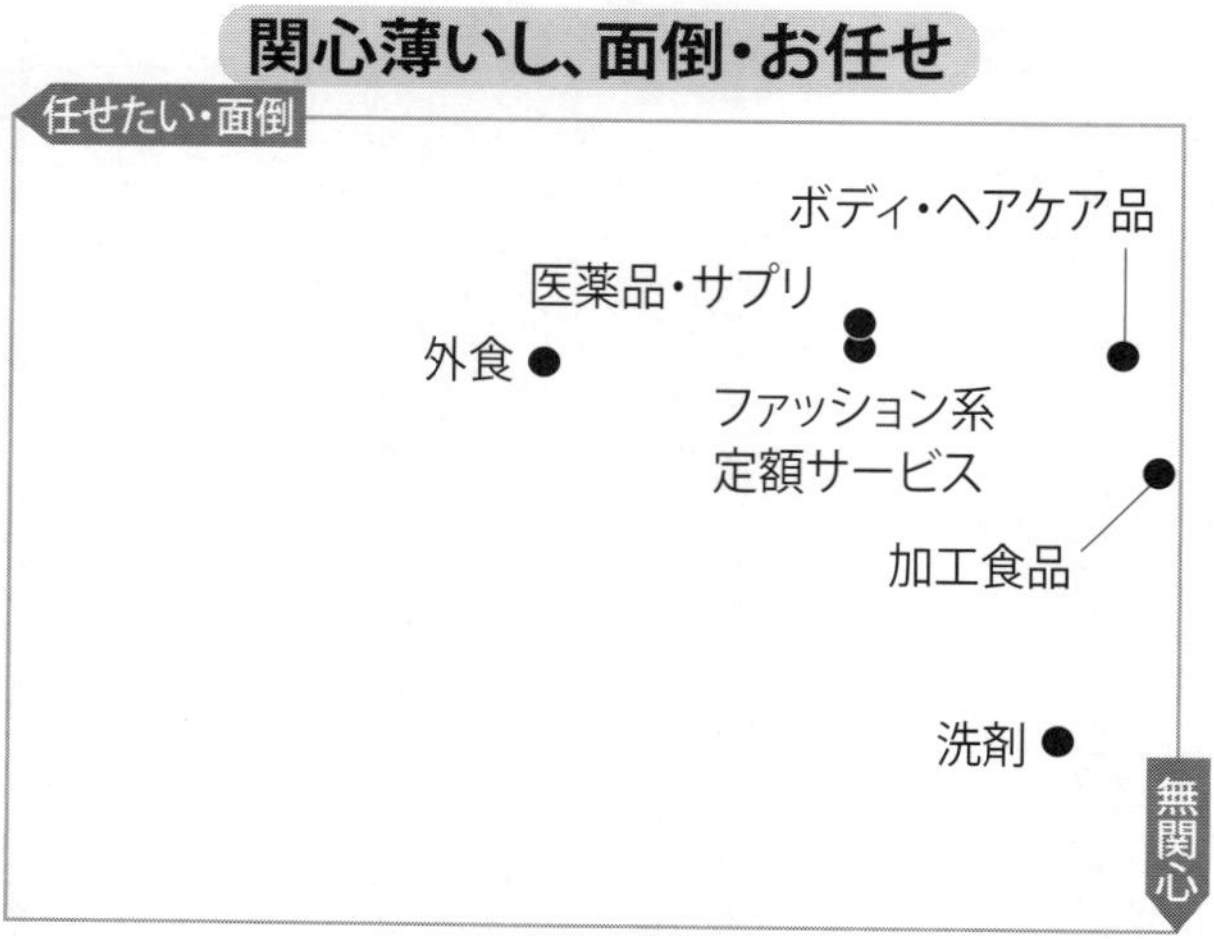

いる。しかし一方で、食べログ、Rettyなどのグルメ口コミサイトがこれほど一般化しているのは、多くの生活者がお店選びを口コミランキングにお任せしたいと考えていることの表れであろう。また、外食は同時に会食の場でもある。お店選びに失敗して同席者の印象を悪くするのを避けるために、気軽にお店を選べないという心理が、お店選びを面倒と感じさせる背景にあるのかもしれない。

また2章で紹介した「エアークローゼット」などの「ファッション系定額サービス」もこの領域に入っている。目利きがおススメし、定期的に洋服を送ってくれるこのサービス。目利きに任せれば、選ぶ失敗もなく、トレンドをおさえながらおしゃれを楽しめる。

「どうでもいい」買物というよりも、「失敗しない品質」を求めるがゆえに、その基準を目利きや口コミに保証してほしいという買物領域であると言えそうだ。こだわりは薄く、失敗しなければよい商品であるがゆえに、一度安心できる店舗や商品、サービスに落ち着いたら、繰り返しの購入が期待できそうなカテゴリーだとも言えるだろう。

左上の領域：関心高いが、面倒・お任せ

そして、この図の中で特に我々が注目したいのは表の左上「関心高いが、面倒・お任せ」という領域だ。27商品中9商品（旅行・交通、生活家電、娯楽家電、情報機器、有料スマホアプリ、金融商品、教育・学習教材、有料定額配信サービス、化粧品）で、4領域中最多だった。

「関心は高いが、選びたくない、誰かにお任せしたい」というのは一見矛盾した心理のように思える。関心があるのであれば、ふつう人間は自分で進んで選ぼうとするはずだか

関心高いが、面倒・お任せ

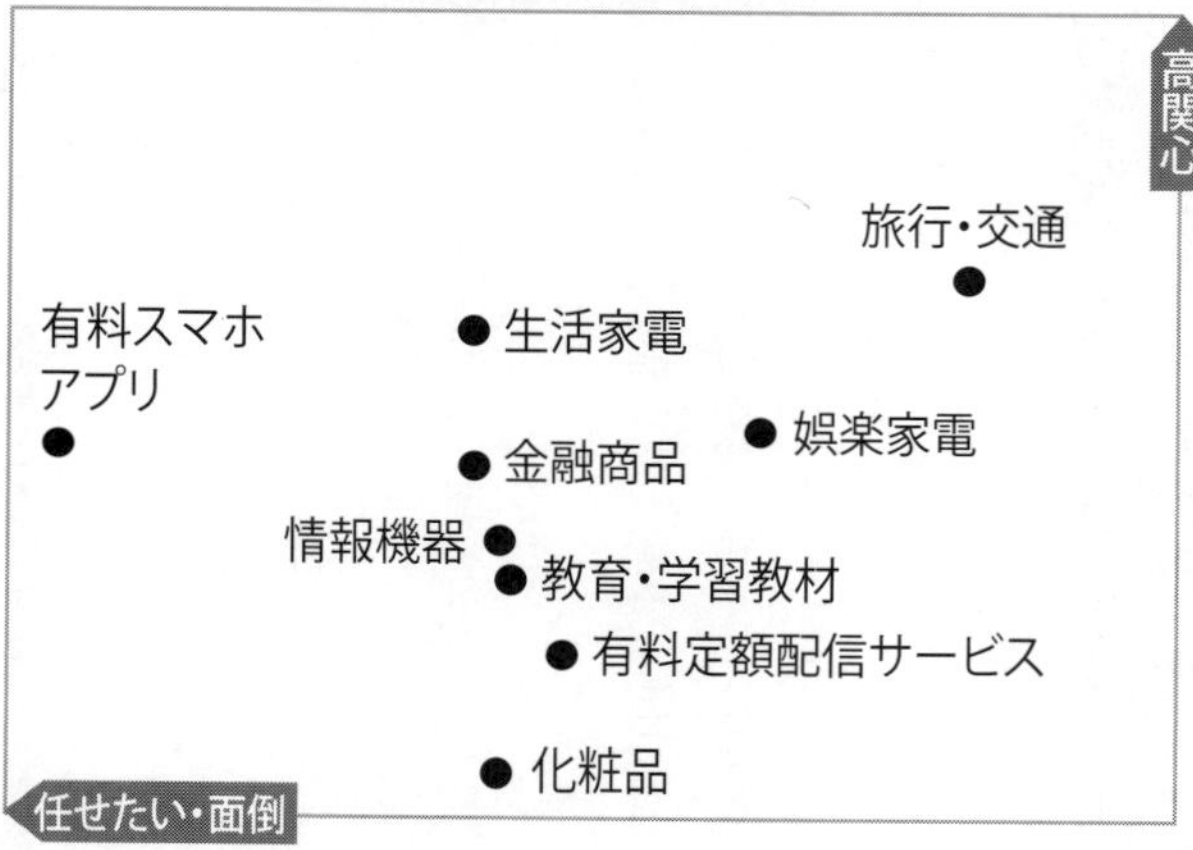

らだ。

しかし、ここに属する9商品の分析を進めるうちに、「関心高いが、面倒・お任せ」という意識そのものが、これからの買物の未来を占う重要なキーになることが見えてきたのである。

「すべてお任せ」ではなく「おススメ」してほしい

では、「関心高いが、面倒・お任せ」という意識とはどのようなものなのだろうか？　この意識領域に入った9商品の買物特徴の分析からその実態をひもといてみたい。

有料スマホアプリ、家電、情報機器、金融商品、化粧品、教育商材、旅行・交通などの9商品。これらを買う際の意識として、まず共通していたのは「たくさんの情報を集めてから利用・購入したい」「口コミで評判の良い商品・サービスを選ぶことが多い」ということだった。家電、情報機器、旅行、化粧品などは価格もある程度高く、購入して失敗することにリスクも伴う商品であるため、これらの商品には口コミが多い。

たしかに2000年代前半に価格比較&口コミサイトが出てきた時、まず対象としていたのは家電やパソコン、次いでホテルや旅行、化粧品などだった。それだけ、いろいろな情報を収集しながら比較、吟味をしたい領域だと言えるだろう。だからこそ、これらの商品に対する「情報ストレス」も同時に強く感じられている。**「情報が多すぎることにストレスを感じる」「確認したいポイントが多すぎる」という意識も他の領域の商品を選ぶ時に比べ、高かったのだ。**

では、買物ストレスが特に高いこの領域では、ストレスを回避するためにどんなことが起こっているのだろう?

例えば、この領域に入っている「生活家電」であれば2010年代に入ってから家電に詳しいお笑い芸人が、自分のおススメする家電を解説する、吉本興業の「家電芸人」が話題になった。家電の性能が高度化し、製品の情報も多ければ口コミ情報も多い中で選びにくい。そんな状況下で、お笑い芸人が様々な商品を吟味し、「この商品のここがスゴイ!」と、いま買うべき商品の情報をいくつか絞り込んだうえで、面白おかしくお薦めするトークが大いに生活者にウケたのだ。

ここで重要なのは**「家電芸人」の目を通して膨大な家電商品の中から「いま見るべきもの」がいくつか絞られたうえで、生活者にわかりやすく提示されている**ということであろう。自分でイチから選ばずとも、いま旬なものをわかりやすく選べることで、買物ストレスが大きく軽減されているのだ。

さらに「旅行・交通」であればSNSで自分の旅を紹介する「プロトラベラー」という人も生まれてきている。「プロトラベラー」とはミツバチワークス株式会社が提唱した新しいコンセプトであり、職業でもある。自分が訪れた旅先の素晴らしさをSNSで表現する能力に長けており、その能力が買われて、各国政府観光庁、各種企業などの支援を受け、報酬をもらいながら旅ができる。

いまや、旅行に行きたいと思っても、その行先は膨大にあり、検索しても口コミは玉石混淆で、いったいどこに行くべきかわからない。しかし、絶景や、感動的な体験をSNS上で美しく表現する「プロトラベラー」たちの投稿を見ていれば、「いまどこに旅をすれば素晴らしい体験ができそうか」「どこでSNS映えするきれいな写真が撮れそうか」がわかる。

いちいち膨大な情報を検索して旅先の情報を集めるよりも、プロトラベラーの目を通して絞り込まれた美しい観光地の写真をざっと見て、良さそうな行先を選ぶ方がストレスもかからないのだ。

「興味はあって、選びたいけど情報や商品が多すぎて選べない」という領域で買物ストレスを回避するために起きていたのは、すべて他人に「委ねたい」という買物ではなく、**選択肢を「絞り込んで」もらうことだった。**

そしてこの「関心高いが、面倒・お任せ」という買物のスタイルは、いまこの領域に存在する9の商品カテゴリーだけでなく、その他のカテゴリーに影響を与えていることもわかった。例えば「関心高く、自分で選ぶ」領域に入っている自動車や住宅でさえ、その購入者の約3割は「関心高いが、面倒・お任せ」というスタイルで商品を選んでいるのだ。今後情報爆発が進む中で「選ぶことが面倒」という意識がより高まった時、住宅か自動車さえも「関心高いが、面倒・お任せ」というスタイルが主流になる可能性もあるだろう。

買物のほとんどを「関心高いが、面倒・お任せ」でする人々

27商品中9商品と最多を占める「関心高いが、面倒・お任せ」という買物意識。そしてそこから生まれてきた「絞り込まれた中から選ぶ」という買物行動。情報とモノが氾濫し選ぶストレスが高まる時代に、このようなスタイルはますます影響力を増すように思われる。ここからは、「関心高いが、面倒・お任せ」という意識で買物をする「人」がどれだけ増えるか、そして買物全般にそのスタイルがどこまで波及するかをさぐりたい。

あたり前だが、買物の際、洋服は「関心薄いし、面倒・お任せ」と思っているが、さすがに引っ越しを考える際の家の選択については「関心高く、自分で選ぶ」と考えるな

ど、その人の趣味や嗜好性によって商品への向かい合い方は異なり「どう選びたいか」は変化する。

ただ、この買物の意識に偏りがある生活者も存在する。特に注目したいのが、ほとんどの買物を、前述のマップの中で最大勢力だった「関心高いが、面倒・お任せ」という意識で行なう人々で、彼らは今回の調査対象者1000名のうち10・4％存在していた。「関心高いが、面倒・お任せ」という意識の強い10・4％の生活者が一定期間内で実際に買物をした商品カテゴリー数は平均17・6個。そのうち平均15・7商品カテゴリーで「関心高いが、面倒・お任せ」という意識で買物がされていた。中には自動車や住宅など通常、関心高く積極的に選ぶと考えられる高額な買物でさえ「お任せしたい」という意識でなされていたことは驚きだ。なぜこの10・4％の生活者に注目するかといえば、この人々が抱く生活意識や買物意識の特徴が、これまで述べてきた「買物の労力を省きたい」という最近の買物意識の傾向を強く反映しているからだ。

まず、「関心高いが、面倒・お任せ」で買物する人たちの生活意識の特徴として見えてきたのが「身の回りの情報は多すぎる」「自分にはやらなければいけないことがたくさんある」という意識がともに、83・7%という高い水準に達したということだ。アンケートに答えた生活者全体との比較でいえば「身の回りの情報は多すぎる」では全体を12・3ポイント上回り、「自分にはやらなければいけないことがたくさんある」では全体を13・2ポイントも上回っている。彼らが「選べない買物」の時代の原因である情報爆発、生活者の多役化時代のストレスを強く受けている人々なのだということがよくわかる。

次に、買物意識の特徴として見えてきたのが、「自分のために厳選された商品・サービスの中から選びたい」という意識が、97・2%と非常に高く、全体を33・4ポイントも大きく上回っているということだ。自分でモノを探し選ぶ余裕がなく、「誰かのおススメの中から選びたい」という欲求が高くなっているのだと見て取れる。

つまり、**彼らは決して「選ぶ」ことを嫌う人たちではない**、ということだ。「買物をするとき、商品・サービスを選ぶことが好き・楽しい」という選択を楽しむ意識は、93・3%と全体を24ポイントも上回っているのだ。

彼らは多くの情報、やるべきことに囲まれ「選んでほしい」という欲求を高めているものの、すべての買物が「お任せでどうでもいい、何でもいい」という人々ではない。彼らは自分の好みを非常に大切にしながら、効率的な生活をしたいのだ。そのことは彼らの生活意識の調査結果からもうかがえる。

日常生活で「何かを決める際に、好き嫌いという自分の好みで判断して決めることが多い」という意識は90・4％と全体を11・8ポイントも上回っていた。さらに理想の生活スタイルとして「効率的な生活」という回答は89・4％に達し、全体を7・6ポイント上回っていた。

このように、彼らはたしかに「商品を誰かに選んでほしい」と思っているものの、それはあくまで**「自分の好みの範囲内で、誰かに効率的に選んでほしい」**という意識だったのだ。だからこそ、あらかじめ効率的に絞られた選択肢から買物を楽しもうという意識も持っていたのだ。

いかがだろうか。自分が「関心高いが、面倒・お任せ」の買物傾向だと意識していなかった人でも頷ける意識ではないだろうか。自分の好みも捨てたくない、けれど誰かに選んでほしい。だから「あらかじめ選ばれた中から、おススメされたい」。おそらく、買物疲れする時代にあって、こうした買物意識はますます広がっていくものと考えられる。なぜなら社会はより選択を難しくする方向に進んでいくからだ。

選択を難しくする環境変化は続く

まず「選べない買物」を生み出した大きな要因のひとつである「情報爆発」。これは今後も止まることなく続いていくと考えられている。「情報通信白書」が2014年に発表したところによると、国際的なデジタルデータの量は、2010年時の988エクサバイト（9880億GB）から、2020年には約40ゼタバイトへ約40倍に増加する見込みだという。ただでさえ多い情報量が今後も増加していくのだ。

そして、その情報に向かい合う生活者の側であるが、その「選ぶ力」も増えはしない。人間の「やること」はこれからも増え続けるのだ。最近「人生100年時代」という言葉が話題となっているが、これはロンドンビジネススクール教授のリンダ・グラットン氏が著書『LIFE SHIFT（ライフ・シフト）』で提言した概念である。今後日本を含めた先進国の半数以上の人々は100歳程度まで生きることが予測されている。この時代に、これまでのような人生設計は役に立たない。

長生きのリスクに備え、健全に暮らすためにも「夫婦ともに働き、家事・育児を分担する」「専門職を身に付け老後も働く」「大人になってからも人とのつながりを創り、維持する」ことが、ますます求められ、「多役化」は、今後ますます進むかもしれない。

2015年に「一億総活躍社会」という政府の提言が話題になったが、「一生活躍しなければいけない」多忙な生活者にとってじっくりと買物と向き合い選択する余裕はさらに減少していくのではないだろうか。

そして、このように継続する「情報爆発」「多役化」の流れに対応するかのように発展するのがAIなどの「選んでくれる技術」だ。これは2章でも紹介したが、すでに個人の過去に買ったモノや好みを分析して「おススメ」してくれる技術は次々と現れている。さらに近年ではアマゾンエコー、ラインクローバ、グーグルホームなどVUI（ボイスユーザーインターフェイス）と呼ばれる、対話可能なスピーカーが登場（※日本発売順に記載）。VUIは「リラックスできる音楽かけて！」とお願いするとその時間帯にあった気持ちの良い静かな音楽をかけてくれたり、「明日の朝7時に起こして！」と頼むと目覚ましまでかけてくれたりする機能がある。日本では２０１７年後半から相次いで本格発売されたが、先行して発売された米国ではすでに個人普及率が16％、３９００万人が保有していると言われている。[※1]

今後このようなスピーカーがさらに普及、発展していくと、このＶＵＩが持ち主の好みを分析して生活の中で何か欲しい、と思った時に「こんな商品いかがですか？」とおススメしてくれる生活が近いうちにやってくると予測されている。

情報はますます複雑に、生活環境は忙しくなる中でＡＩからの「おススメ」で買物を効率化するテクノロジーが普及、発展する。買物に関心はあるけど、自分では選びきれない。だから「誰かに絞り込んでもらい、おススメされたい」という欲求は、このような変化の後押しを大きく受けるだろう。

影響力を増す「関心高いが、面倒・お任せ」というスタイル

では、次に環境面だけでなく人の意識の面からも、未来変化の可能性を考えてみたい。

先ほど紹介した、生活者の10・４％を占める、「関心高いが、面倒・お任せ」という

意識で買物をする人々。彼らは「あらかじめ絞り込まれた中から選びたい」というニーズを持っていた。彼らの生活意識の中で特に顕著なのが「何かを決める際に、好き嫌いという自分の好みで判断して決めることが多い」「効率的な生活をしたい」という2つの意識だ。この特徴的な2つの意識を、他の生活者はどの程度持っているのだろう。

調査の結果、「関心高いが、面倒・お任せ」な生活者以外でもこの特徴的な2つの意識を持っている生活者は65％にも上ることがわかった。半数を大きく超える人々が、このような意識をすでに持ち始めているのである。

このような人々を中心に情報の多さへ嫌気がさし、次々と現れる効率的な買物手段の利用が進むことは想像に難くない。いまは商品ごとにさまざまなスタイルで買物をしている人も、「あらかじめ絞られた中から選ぶ」という便利な買物スタイルを見つけ、順応していく。この流れが大きくなることで「関心高いが、面倒・お任せ」という買物スタイルは、より拡大していくだろう。

これからマーケティング活動を行う企業にとって、この変化を捉えることはもはや喫緊の課題と言ってもいいのではないだろうか。

「あらかじめ絞り込まれた買物」実践者は語る

それでは、今後拡大するであろう新たな買物スタイルを捉えるため、その実態をもう少しつぶさに見ていきたい。実際に大半の買物について「関心高いが、面倒・お任せ」と考え「絞り込まれた中から選ぶ」というスタイルを実践している人はどのように買物をしているのだろうか？　我々が全国1000人のアンケート調査と同時に行ったインタビュー調査からその実態をご紹介していこう。

【無駄なことが嫌い　カミヤさん（仮名・男性・39歳）の場合】

ファッションが趣味で、月に数万円も使うことも多いというカミヤさん。洋服が大好きということなので、幅広いファッション情報をチェックして吟味したうえで購入しているかといえば、そうではなかった。

「ぼくの生活のテーマは『効率』なんですよ。とにかく無駄なことが嫌い。だから趣味の洋服選びでも、セレクトショップをいろいろ見て回るのは時間の無駄だし疲れちゃう。だから自分は洋服が欲しくなると、まず決まった雑誌を開いて、自分の気に入ったスタイルを決める。そのスタイルに合ったブランドを多く取り扱っている店にしか行かない。そう決めていくと、自分が買うなら『コレ』というブランドもいくつか絞られてくる。さらに、お店に行きつけになれば信頼できる店員さんも見つかるし、最新の好みの服の情報も集まってくる。そうすると安心して効率的な買物ができるんです」

かつて「ブランド」というと、練り上げられた世界観やこだわりに憧れ、商品を買うことを通して、その価値観を共有する仲間となることで、他の人と差別化したいと思われる存在だった。しかしこのカミヤさんのブランド観は異なる。彼にとってブランドは、憧れの対象というよりは、自分の気に入ったスタイルを効率よく実現してくれる対象としての意味合いが強いのである。

膨大な洋服の中から「ブランド」を活用しながら選択する範囲を絞り込み、そこから効率的な買物を進める姿は、これからの買物のスタイルを象徴している。

ほかの興味深いインタビュー事例も紹介しよう。

【夫婦の時間を捻出したい　オカモトさん（仮名・男性・29歳）の場合】

オカモトさんはシステムエンジニアの仕事をしており、忙しい時期と余裕のある時期の差が激しい。夫婦共働きでお互い家事に仕事にとあわただしい日々を過ごしている。そんなオカモトさんは、最近引っ越しをして新しい家電を揃える必要にせまられたという。

通常これまで家電を買う際に行われてきた「賢い買い方」の中にショールーミングというものがあった。家電量販店の店頭で家電の実物を見て買いたいものを絞り込み、ネットで口コミをチェックして、最終的に価格比較サイトなどで最安値を探してネットで買うというスタイルだ。彼もこのような買物のスタイルをしているかと思いきや、そうではなかった。ネット上に情報があふれ、玉石混淆になる時代に、家電量販店の店員こそが「絞り込み」の手段になっていたのである。

「夫婦共働きで忙しいから『いかに自分たちの時間を作り出すか』が生活のテーマ。なるべく効率的に仕事も家事もこなして二人の時間をつくっていきたい。買物もそう。このあいだエアコンを買ったときは、まず『一戸建て　エアコン』で検索してでてきたネットのまとめサイトをチェックして、自分と同じようなタイプの人の購買傾向を知ったうえでお店に行きました。お店もどこでもよいわけではなくて、ネットでアフターサービスのよい量販店を選びました。もちろん店員さんにも親切で製品に詳しい人もいれば、そうでない人もいる。いくつか質問をしてみた上で、信頼できる店員さんを見つけるんです。店員さんは、質問をすると柔軟に情報をくれる。ネットには出ていない信頼できる情報もあるし、自分の生活や家の間取りに合ったエアコンに商品を絞り込んでおススメしてくれる。価格だって高いわけではなく、むしろネットの金額を言えば下げてくれる。もし高かったら『これは5年保証付きなので』ときちんと理由まで話してくれて、安さだけで選ぶことの危険性まで教えてくれる。お店の方が安心して効率的に買うことができると思う」

彼にとって、ネットで自分に合いそうな商品の基礎情報を仕入れて、あとは店舗で信頼できる店員のアドバイスをもとに商品を「絞り込む」ほうが、安心できて効率的な買物になっていたのだ。

「買う際にネットの口コミは見ないんですか？」と聞いた私に対してオカモトさんは、「見ないことはないですけど……悪い口コミしか見ないです。いい口コミはきっと嘘だから」とネット上に広がる口コミへの不信感をあらわにしていたことも印象的だった。

その場その場で情報を柔軟に引き出せる店舗スタッフを活用し、たくさんある商品の中から絞り込み、効率的に選ぶ。ネットで口コミを見るだけでは「自分向け」がわからない世の中で、安心で効率的な買物スタイルを生活者自らがつくり出していたのである。

広がる「枠内攻略」という選択スタイル

今後勢いを増していくと考えられる、「あらかじめ絞り込まれてから選ぶ」という買物のスタイル。買物の際、家電芸人やプロトラベラーなどのインフルエンサーや、ネット通販サイトのレコメンド機能や、ＡＩによるパーソナライズ技術などが「絞り込みの装置」として機能していることを紹介してきた。また、個々の生活者が買物を効率化するために雑誌やセレクトショップを駆使したり、信用できないネット情報を捨てて、あえて店舗の店員の情報だけに絞るなどの工夫で「絞り込み」を行なっていることをみてきた。

我々はこの新しい買物のスタイルを**「枠内の攻略」**と名付けた。

膨大な情報、商品の海を幅広く見まわして疲弊するのではなく、自分の好みに合いそうなものがあらかじめ絞り込まれた「枠」の中から選ぶというスタイルである。

この大きな流れを企業の視点から見るとどうだろうか？　これまで企業は、自社商品の優位性を訴え、たくさんの情報を与えて、それに注目してもらうという活動を行ってきた。だが、これまで論じてきたとおり、いまやそのやり方は通用しなくなってきている。**情報が多ければ多いほど生活者に無視される可能性が高いのだ。**

しかし、チャンスはある。生活者が買物に対して抱く「関心高いが、面倒・お任せ」という生活意識をしっかりと捉えて**「あらかじめ絞り込まれ、自分に合いそう」と感じられる「枠」をつくれば、生活者はそこに自ずと集まり「選択＝買物」をしてくれるの**

だ。

もはや「たくさんの選択肢」も「豊富な商品情報」も価値ではない。生活者に信頼され、「ここに自分の好みに合いそうなものがありそう」と思われる「商品の絞り込み＝枠」をつくれることが価値なのだ。

では、これからのマーケティングに重要な「枠」。これは一体どのようなもので、どのように作ればいいのだろうか？　第2部では、新しい時代の売り方について提言していきたい。

※1「米国人3900万人がスマートスピーカーを所有、普及率は16％」(Forbes/Kevin Murnane)
(https://forbesjapan.com/articles/detail/19330)

第2部

【解決編】選べない時代の新しい売り方

第4章 枠づくり戦略とは何か？

枠内攻略の時代にマーケティングが変わる！

「関心高く選ばれたい！」＋「冷めた目」を

まだまだモノが足りない「揃える買物」の時代には人々のニーズも明確で、生活者の欲求に応える商品を開発すれば売れた。だからこそ商品やサービスの改善自体が大きな意味を持ち「良い商品に向けて改善し続ける」日本型のモノづくりが大きな意味を持った。いわば「プロダクト・アウト」の時代だ。

そして、経済発展し生活者にモノがある程度普及した「憧れる買物」の時代。企業は

「一歩進んだ」商品を求める生活者のニーズを捉え、生活者に届けることが重要になった。これが「マーケット・イン」の時代である。

その次の段階、バブル崩壊後の「賢い買物」の時代。企業側が先進的な技術、商品を開発して生活者に届ける姿勢は変わらない。ただ、受け取る側の生活者の姿勢が大きく変化した。生活者は企業から発信される情報を届けられることを待つのではなく、自らモノや情報を探し、比較するようになる。そこで企業は生活者に自社商品をいかに「見つけて」もらうのかに腐心し始める。マス広告の展開や店頭に自社商品を置いてもらうための流通対策はもちろん、ウェブ検索時に上位に表示されるためのSEO対策、ブロガーにいかに自社商品の好評価を書いてもらうのかの口コミ対策、さらにはニュースやテレビ番組で自社商品を話題にしてもらうためのPR対策を講じてきた。そのゴールは、モノやサービスの情報を探す生活者に多くの情報や商品の中から「関心」を持ってもらい「納得」して商品を買ってもらうこと。企業にとっては生活者との多くの接点で、どれだけ多くの情報を発信できるかが重要なポイントだった。

ただここで注目したい点がある。「揃える買物」「憧れる買物」「賢い買物」これらすべての時代を通じて共通するのは「生活者は商品に興味を持って、自ら選んでくれる」という前提だ。105ページで提示した4領域の「選ばれ方」のマップでいえば右上。「関心高く、選びたい」という選択行動を前提にして企業はモノやサービスを開発し、情報を発信してきた。「賢い買物」の時代、インターネットという生活者中心のメディアが生まれたことは非常に大きい変化だったが、「生活者自身が興味を持って情報を探す」という前提は変わらなかったのだ。

しかし、情報と商品の氾濫、生活者の選ぶ力の減少によって「商品に興味はあるけど、選ぶのが面倒、お任せしたい」という買物意識が勃興してきている。このきざしを捉え、従来型の情報発信を行いながらも、発信する情報量と内容をマネジメントし、生活者が「選べる」買物の仕組みをつくることが重要になるのだ。


「こんなに他社と違います、新しいです!」

「口コミで話題沸騰です! ランキングも第一位!」

「あの朝の情報番組でこんなに話題で、こんな効果もあるんです!」

他社と差別化し、様々な情報を生活者に与える、このような語り口はいまでも効果はあるだろう。しかし、情報の発信の仕方や内容を誤ればそれは市場に氾濫し、飽和する情報への過剰追加になってしまう。発信した情報が嫌悪されるならまだいい。最もおそろしいのは、情報を発信したところで「スルー」されてしまうことだ。

そのためにも、これまでのマーケティングで常識だった「関心を持って、積極的に選ばれる」という発想を持ちながらも、「買物が面倒」という生活者意識を理解しながら、企業は情報を発信し、モノを売っていかなくてはならないのである。

生活者の買物までの流れが変わる

ではそのような生活者が勃興する時代、買物は一体どのように変化するのだろうか？ひとつ、大きく言えることが、これから生活者の買物までの流れが大きく変わるということだ。

かつて、買物までの生活者の行動として古典的なモデルとして「ＡＩＤＭＡの法則」というものがあった。「Attention（注目し）」「Interest（関心持ち）」「Desire（欲しくなり）」「Memory（記憶し）」「Action（購入する）」という流れだ。１９１７年に創設された米国広告業協会の初代会長E・レウスがその論理基盤をつくった概念だけあり、いまのスピード社会から見ると気長なフローのように感じられる。これからの時代「Attention（注目し）」「Interest（関心持ち）」「Memory（記憶し）」という3段階が一気に短縮化する可能性も十分ある。

現在のマーケティングの一潮流として「デジタル化時代の衝動買い」の例を前に挙げたが、購買までの流れは「Desire（欲しくなり）」「Action（購入する）」くらいシンプルになるかもしれない。ただ、「衝動買い」とはいっても、従来の衝動買いとは大きく異なることに注意したい。「Desire＝欲しくなる」後に何故すぐに購入できるのかといえば、そこに生活者の中であらかじめ設定された「枠」の存在があるからなのだ。

あらかじめ絞られているからすぐ選べる

これからの時代、情報とモノの氾濫に疲れた生活者は「あらかじめ自分に合いそうなモノが絞り込まれた範囲」から商品を選ぶようになる。この絞り込まれた範囲が「枠」であり、膨大な情報と商品の中から自分に合いそうな商品を効率的に見つけるための

「絞り込み装置」である。

いまの生活者は、ある商品が欲しい、と思ったその時点ですでに「だいたいここら辺に自分に合うものがありそう」という自分の中の「枠」に当たりをつけて、店舗、ウェブサイトを訪れて購入してしまう。そのスピードは、従来の検索して情報収集、比較検討して、選ぶというスピードに比べると格段に速い。なぜなら「枠」として思い浮かぶ中での選択肢はそんなに多くないからだ。2章で紹介したアイエンガー教授の「ジャムの実験」で、買物客がより選びやすいジャムの数は6つだった。さらに近年の認知心理学では人間が短期的に記憶できる情報数は3〜5だと言われている。「枠」の中で思い浮かぶ商品や店舗の数もその範囲に収まる程度だろう。その範囲内の「枠」の中で生活者は効率的に選択し、商品を購入して売り場から立ち去って行く。もはや買物のスタート段階でその狭い枠の中に入っていないと、商品は「選ばれない」のである。

例えば、第3章で紹介した、特定のファッション雑誌に出てくるような格好しかない、と決めて買物をするカミヤさん。「ネットより店員さんの方が安心して効率的に買える」と感じて家電を購入するオカモトさん。彼らは、いま世の中にある買い方の中から

「絞り込んでもらう枠」の仕組みを自ら見つけて、その中での選択を始めていた。

生活者が何を買うかを考え始める際の、あるいは何を買うか考える以前の無意識を規定する選択の「枠」をいかに作れるかが、これからの企業にとっての大きな課題になるのだ。

買うまでの段階は短く、「枠」ができるまでの時間は長い

今後生活者の中の「枠」づくりに大きな影響を与えるものは、スマホの存在である。従来であれば興味を持った後に、検索をして情報を集め比較検討するというフェーズがあった。しかしこれからはモノを買うために生活者自らが意識的に情報を集め検討する行動はますます減っていくだろう。なぜなら、情報集めはスマホのアプリなどと連動したAIが本人の無意識のうちに代行してくれるからだ。

スマホはAIが最適化してくれた自分好みの情報を自分の手のひらの中に自動的に集めることができる装置である。SNSで気になる人や好きな企業をフォローし、画面上に流れてくる情報を眺める。暇な時間に自分が頼りにしているメディアからプッシュ通

知で知らされたニュースを読む。

このような「ちょっと気になる情報源をフォローする」行動が積み重なることで、AIはその人の好みの情報を見極め、ユーザー好みの情報を優先して表示するようになる。もちろんその中には、「これちょっと違うな」という情報もあるものの、「ちょっと違う」情報を見なかったり、フォローを外したりすることでさらに精度高く「自分好みの情報」を引き寄せることができるようになるのだ。

その一方、インスタグラムには、発見を促してくれるページがある。ここでは、過去に自分が高く評価した情報を参考に、ユーザーが興味を持ちそうなインスタグラマーや投稿の情報を収集し、自動的に表示をしてくれる。ここを見るだけで「自分の好みの範囲で絞り込まれた」新たな情報との出会いを得ることができる。こうした情報をさらにフォローすることで、自分好みの世界はさらに固められ、生活者はスマホ画面の中に、手軽かつ自動的に「自分好みの情報」ばかりが並ぶ世界をつくることができるのだ。

こういった「世界」を楽しいと感じるのか、賛否がわかれるだろう。ただ、世の中がそのような流れにあるということは理解しておくべきだろう。

これまでインターネット、SNS、スマホの普及によって情報爆発が起きたと書いてきた。この情報爆発はこれからも続いていくだろう。しかし、情報爆発を乗り越え「自分好みの範囲で絞り込まれた」ストレスのない情報環境を作る工夫もいま、進んでいるのだ。

特にこの傾向はスマホの使用が当たり前の若年層で顕著だ。メディア環境研究所が2018年7月に発表し、筆者も研究に参加した「スマートフォンユーザー情報行動調査2018」の結果では、15歳〜29歳の若年層を中心にスマホの画面を撮影するスクリーンショットやSNSを駆使して、気になった情報をスマホ内に「とりあえずためる」行動はすでに当たり前になっている。さらには、フォローや「いいね！」機能を活用して、自分に有益な情報が自然にたまるようにする行動も生まれていることがわかり、その行動率は8割以上に達していたのだ。

そして、情報を自然に引き寄せ「ためる」という行動そのものが生活者にとっての「枠」を無意識のうちに形成することに寄与する。**日々、ちょっとした暇な時間にフォローした人や企業、アプリから届く自分好みの情報を心地よく見続けることで「何かを**

選ぶなら、ここを頼ろう」という意識が形成されるからだ。

先ほどのメディア環境研究所の調査でも、自分好みの情報をスマホで引き寄せ、ためる行動をよくしている生活者ほど「この2〜3年で買物をするときに商品を選ぶスピードが速くなった」と回答しているのである。まさに買うまでの段階は短くなるが「枠」ができるまでの時間は、それに比べて長いという現象がここで起きているのである。そして、生活者が引き寄せるその自分好みの情報はとても心地よい。あまり「自社と競合の違い」「自分たちの新しさ」を声高に叫ぶような「売らんかな」のコミュニケーションはしてこない。あくまで自分好みの、生活に楽しみを与え、役に立つような情報を継続的に提供してくれるからである。「継続的な接触」と聞いて、では継続的にSNSや広告上で自社をアピールし続ければいいと思う節もあるかもしれない。ところが、それが生活者の楽しみや役に立つものでなければ、スルーされてしまうことには注意が必要だろう。

継続的に、身近で役に立つ情報を提供しビジネスで成功しているケースとして、1章で紹介した、ネットで動画中継しながらモノを売るライブコマースというスタイルがあてはまる。

彼らが日々自分たちのSNSフォロワーに接する際は、決して「売らんかな」ではない。彼らはライブコマースでモノを売る以前に、SNSを通じて生活者との継続的な関係をつくっているのだ。

例えば日本のライブコマースのトップランナーの1人と言ってもよい「ゆうこす」こと菅本裕子氏は日々「モテるコツを知っているモテクリエイター」として、メイクやおしゃれをする時に可愛く見えるテクニックを動画サイトやSNSで発信し続けている。その影響力は強く、SNSでの総フォロワー数が100万人以上にものぼる。[※1]

ゆうこすのフォロワーたちは、彼女からの役立つ情報に日々触れていくうちに、彼女を信頼するようになる。いわばゆうこすはファッションやコスメという膨大な商品があふれる世界の中での「おしゃれ情報の絞り込み装置＝枠」になっている。だからこそ、いざ「今夜私のおススメの洋服をライブで紹介します！」と言われた時に「ここで買いたい」と殺到するのである。

繰り返すが、大事なのは生活者に好まれる日々の情報発信の積み重ねだ。常日頃から

「商品を買うか買わないか」に関係なく、フォロワーが楽しめる、役立つ情報を発信し続けて自分自身のキャラクターを愛してもらう。そして生活者にとって「いろいろ情報もモノもあるけど、ここを頼りにするのが良さそう」と思ってもらう。そして「あ、欲しい！」と生活者側のタイミングがあった時に商品をスピーディーに、効率的に買ってもらうのだ。

つまり、買物の流れは「Desire（欲しくなり）」「Action（購入する）」まで短くなったように見えるが、それは「安さ」や「期間限定」に駆り立てられるようなこれまでの衝動買いのイメージとは異なるのだ。

「枠」とは何か？

ここまでは、枠内で選ぶ時代の買物プロセスの変化、スマホ時代に特徴的な「枠」ができるまでの仕組みについて話してきた。ここから「枠」のつくり方についての提言を始める前に、ここまで論じてきた「枠」についてまとめておきたい。

①「枠」とは自分の好みに絞られたモノがありそうと期待できる存在

買物に関心はあるけど、情報もモノも多いし、時間もないので十分な労力は割けない。そんな時に、自分の好みに合いそうなモノが、ここにまとまっているかもしれないという期待感を持てる存在が枠である。それは「この企業の商品の中から選べば大丈夫」「このブランドの中から選べば大丈夫」「この売り場から選べば大丈夫」「この人のおススメの中から選べば大丈夫」と様々に設定できる。

②「枠」は「自分好みの買物」を短時間で実現してくれる

この枠があると何が良いかといえば、買物の労力を効率化しながらも「自分好みのモノ」を選べる点にある。従来、自分好みの商品を探そうとすれば、膨大な情報とモノ、店舗の海の中をさまよい、疲弊する可能性が高かった。しかし、この「枠」を頼りにすれば、より短時間で、労力をかけず自分好みの買物ができるのだ。それは一見「衝動買い」のようなスピード感のある買物を提供してくれる。

③「枠」で買物は効率化されるが「枠」ができるまでの時間は長い

枠の存在で買物自体は効率化され短時間になるが、枠ができるまでの時間は長い。スマホ時代、自分好みの情報を自動的に引き寄せる生活者は、自分にとって楽しい情報や役に立つ情報を継続的に提供してくれる存在を身近に感じる。そして「買物をしよう！」と思った時に、その身近な存在である人や企業からモノを買うようになる。

では、「欲しい」と生活者が思った時に頼りにされる「枠」とは一体どのようなものなのだろうか？　具体的な事例を交えながら枠づくりへのヒントをご紹介したい。

枠づくりに重要な3つの視点

膨大な情報の中でも生活者が選びやすく、企業が選ばれやすい枠とは何か？　どうすればその枠をつくることができるのか？　買物研は国内外からヒントになりそうな事例を収集し分析。近年、伸びている生活者ニーズを捉え「枠」づくりを進めている事例を抽出した。

そこから見えてきた枠づくりの視点は3つ。

①「これでいい」の枠づくり（積極的妥協）
②「これがいい」枠づくり（生活発見を提案する）
③「これしかない」枠づくり（消費だけでなく参加できる）

「これでいい＝積極的妥協」の枠づくりは、**自分の人生にとって優先順位の高い生活領域以外の買物は割り切って省力化したい**という生活者の気持ちを捉える。そして、省力化する中でも「これは外せない」というポイントを把握したうえで、機能、品質、デザイン、価格で高度にバランスの取れた「ちょうどいい」商品・サービスを提供するという考え方だ。

次の「これがいい＝生活発見を提案する」枠づくりは、モノよりもコト消費への欲求が高まる時代に、モヤモヤと「こんな暮らしをしてみたい」という気持ちはありながら言葉にできない欲求に対して、**商品・サービスを通じた一歩先をゆく「生活発見」の提**

案を行う、という考え方だ。

そして最後の「これしかない＝消費だけでなく参加できる」枠づくりは、SNSの普及以降生活者の中で高まる「自己承認欲求」を捉え、与えられたものをただ消費するのではなく、**顧客自らが参加できる仕組みをつくる**という考え方だ。生活者は多少労力がかかってもわざわざ参加、応援することで自己承認・やり甲斐を得られるから、その対象が唯一無二の「枠」になる、という考え方である。

それでは次の章から具体的な生活者潮流、国内外事例と共にそれぞれの枠づくりの考え方を見ていこう。

※1「2年でフォロワー100万人超　SNS素人が見出した「下克上タグ」戦略」（Forbes／2018年6月30日）
（https://forbesjapan.com/articles/detail/21826/1/1/1）

第5章　選ばれる「枠」のつくり方

①「これでいい＝積極的妥協」の枠づくり

まず1つ目の視点は「これでいい＝積極的妥協」の枠づくりである。

仕事も人生も重要なのは「優先度づけ」――そんな言葉を最近よく耳にする。近年、モノをあまり持たない「ミニマムライフ」などのシンプルライフスタイルも話題で、不要なものを溜め込まず捨てる「断捨離《だんしゃり》」が2010年の流行語に選ばれた。今回買物研が実施した調査でも「手間をかける買物／効率的に済ます買物」のメリハリをつけている生活者ほど幸福度が高い事実を紹介したが、時間と労力に限界のある生活の中で、自分の人生にとって優先順位の高くないものはバッサリと「割り切って」前向きに「諦める」という生活者意識が広がっているのだ。生活者はこの時代を幸せに生きるためのヒントを、この「割り切り」や「メリハリ」に求め始めた。このような生活者の気持ちを捉えた枠づくりが「これでいい＝積極的妥協」の枠づくりである。

企業のなすべきことは、**「こだわり過ぎない、けれど一定水準のクオリティを担保しているから選べる」という枠**をつくってあげることだ。

ただ、この枠づくりで重要なのは「こだわり過ぎない」からといって「どうでもいい」わけではないということだ。「どうでもいい」ではなく「ちょうどいい」が重要だ。捉えるべきは「こだわりきれないけど、ここは押さえておきたい」という生活者の気持ちである。

例えば、タオルであれば値段が高くても肌触りがよい、住宅であれば駅から遠くても緑が豊か、保険であれば多少高くても実績があるなど、いわば自分の生活の中での「外せないポイント」。そんな「ちょうどいい」選択ができる商品・サービスや売り場を提案するのだ。

この考え方を表す事例として、保険の販売代理店として成長を続ける「ほけんの窓口」などが当てはまるかもしれない。

複雑な保険の買物も学びながら納得して選べる「ほけんの窓口」

「保険」を買う。それをイメージしただけで「難しそう」「よくわからない」と思う方がいるかもしれない。実際に保険商品は、死亡した際に保険金を受け取れる生命保険から、特定の病気の際に保障を受けられる医療保険やがん保険、さらには働けなくなった際に収入を保障する就業不能保険などその商品の種類は多い。さらにその種類が多いだけでなく、保険会社も多数あり、各種保険の中に、女性向け、若い人向け、シニア向け等々数多くの商品が世の中に出されている。

そのため保険選びをする人のための保険の口コミサイトや比較サイトも多いが、その数自体も膨大でおススメされている商品もまちまち。まさに情報も多ければ、商品も多く吟味が難しい買物カテゴリーだと言えるだろう。

そんな買物の悩みに応え成長を続けているのが「ほけんの窓口」だ。全国に600店舗以上を構え、約35社の商品を扱っている。この店舗に相談にくれば、専門知識を持つスタッフと相談しながら数多くの会社から出された商品をフラットに比較して自分に適した商品を選べる仕組みを整えている。

特にその買物体験で注目したいのは、複雑な買物であっても、顧客が「これでいい」と納得して選べるまでの「学べる買物」を提供しているということだ。

結婚、出産、体調不安……人生の中での転機がきっかけとなり「保険に入らなくては」と思い始める生活者は多い。しかし、十分な知識もなく「そもそも保険ってどんなものがあるのか?」「自分に必要なものは何か?」もわからない。一から自分で勉強するほど時間もかけられない。しかし、月々、長期に支払う高額な買物のため「どうでもいい」といい加減には決められない。まさに「こだわりきれないけれど、妥協できない」買物だ。

そんな悩める顧客に対してほけんの窓口のスタッフは、「そもそも保険とは何か?」「どんな時に必要なのか?」「どんな種類の保険があるのか?」基礎的な知識をイチから教えてくれる。さらに、「将来子供は何人欲しいか?」「大学は私立か国立か?」など今後生きたい人生像を共に相談しながら考え、必要なお金まで計算。そこから、顧客にど

ほけんの窓口グループ株式会社提供

んな保険が合っているのか、約35社の保険会社の持つ数多くの保険商品をフラットに比較し、その中から顧客自らが自分に必要な保険を選べるようにサポートや提案をしてくれるのだ。相談しながら「保険が必要ない」と思った顧客には、お勧めしないことさえあるという。

顧客としては、まったく知識のなかった保険をここで学んだ後だから、提案される商品に対しても納得して「自分にはこれでいい」「ちょうどいい」と安心して選ぶことができる。「保険は難しくて、なんだかよくわからないまま契約してしまった」という買物体験とは違う、満足度の高い買物体験を得ることができるのだ。

まさに「保険選びを自分一人でするほどの時間も余力もないけど、でも納得して選びたい」そんな生活者の「外せないポイント」にきちんと答える買物になっているといえるだろう。

2012年度の営業収益202億円から、2016年度335億円へと持続的に成長を続ける秘訣は、まさにこのような**「納得して選べる枠」**づくりにあるのではないだろうか。[*1]

ドラッグストアでも豊かな生活を提案する「dm」

このような「これでいい」という枠を作ることに成功した例は、国内だけでなく海外にもある。

まず紹介したいのがドイツ最大のドラッグストア「dm《デーエム》」である。ドラッグストアの買物といえば日常的で安さを求めがちだが、ここはドイツ最大のドラッグストアでありながら、安さだけでなく、生活の質の向上を提案することで生活者から前向きに「これでいい」と選ばれている。

1つ目が、ｄｍが行っている育児サポートプログラムである。よく企業が乳幼児の親に対して出産・育児をサポートする情報を提供したり、出産時にプレゼントをするなどの話は聞かれる。しかしｄｍが行っている育児サポートプログラムは、妊娠から出産、さらには子供が12歳になるまで継続的に情報・モノの面でサポートをし続ける長期的プログラムなのだ。グリュックスキントと呼ばれるｄｍの子育て支援サービスに登録した対象の子供にはまずウェルカムギフトとしてその子供の年齢に合わせたプレゼントが届く。さらに毎年、その子供の誕生月になるとプレゼントが届くのだ。オンラインマガジンでは、月齢・年齢に合わせた子供のケアや、家族ですると楽しい遊びについての情報が、豊富な写真や動画と共に解説されていて「この月齢・年齢の子供にはこんなケアや遊びが適しているんだ」と、見ているだけで楽しい発見がある。さらにその子供のケアに関連する多くの商品に対する評価モニターにも自由に応募することができ、自分の使ってみたい商品の体験や評価確認の場にもなっている。まさに子育てをしている親にとっては情報・モノの面で12歳までの子供との生活を継続的に支援してもらえる嬉しいサポートの場になっていると言えるだろう。

さらに店頭ではドイツ国内のライフスタイル分野で人気のブロガーがおススメの商品をあらかじめ選んで組み合わせた「ボックス」と呼ばれる商品セットも販売し、商品の「絞りこみ」も行っている。さらに高品質な有機、無添加商品のプライベートブランド商品を揃えるなど、品揃えの幅も広い。

安さばかり求められがちな日常の買物で、ドラッグストアであるにもかかわらず、dmは顧客の生活の関心に寄り添いながら「質の高い日常生活」を提案し続けている。気軽に行くだけで、自分のちょっとした生活の困りごとが解決し、ドラッグストア領域の買物の質が上がるdm。**「ドラッグストアの買物の頻度は高くいちいち何を買おうかとこだわりきれないけど、『安ければいい』という雑な生活は嫌」と考える生活者にとって「ちょうどいい」存在**だ。だからこそ数あるドラッグストアの中で、買物をするなら前向きに「これでいい」と思われる枠になっているのではないだろうか。

時間がない中でも手ごろ・高品質・美味を実現した「コッホハウス」

次に紹介したい先進事例は、あわただしい生活の中で「こだわりたいけど、こだわりきれない」代表格といっても過言ではない「毎日の食事」の領域だ。買物研は2016年に、あわただしい生活を送る共働きの20代後半~30代前半の家族にインタビュー調査を実施したのだが、夕方に子供を保育園に迎えに行った後にスーパーマーケットに駆け込み、とにかく簡単につくれる食材を急いで選んで購入していると話す母親が多かった。子供のために丁寧な食事をつくりたくても、なかなか手間もかけられないとのことだった。

そんな忙しい現代の家族に対して、「ちょうどいい」提案を行っているのが、レシピにそって必要な分量の食材を販売するミールキット専門のドイツのスーパーマーケット「コッホハウス」だ。

ミールキットとは料理をつくるのに必要な食材がレシピにそってあらかじめ準備され、場合によっては調理直前まで切られ、仕込まれた状態で届き、それを手順通りに調理することで美味しい料理がつくれるという近年話題のサービスである。中には有名なシェフが考案したレシピと食材が家に届き、レシピ通りにつくればプロの味を家で簡単、短時間調理で味わえるという優れものもある。通常このミールキットはウェブで購入し宅配で届くサービスが多いのだが、コッホハウスはこのミールキットをメインに販売・展開している。

このコッホハウス、店舗面積はそんなに広くはなく日本の小型スーパーマーケットやコンビニエンスストア程度。そこに入ると、店内にその時季ごとに選び抜かれた18種類のメニューのミールキットが販売されている。料理の写真を大きく前面に出し、コンパクトな店内をめぐりながら直感的に商品を選べる仕組みになっている。それぞれのミールキットは1人前から購入でき、価格は高くても10ユーロ（1300円）程度。その食材はオーガニックを基本にこだわり、揃えようと思えば前菜からデザートまでメニューを揃えられる。さらにミールキットの周りにはその料理に合うワインやオリーブオイルなども陳列されており、ピンと来たメニューに合わせて、料理を自分なりにカスタマイズしたり、料理を引き立たせるワインを選んだりと「自分独自の楽しみをひろげる」可能性もしっかりと残されている。

ドイツは15歳～64歳の女性の就労率が7割を超え、日本よりも共働きが多い。さらに、食へのこだわりも強い欧州という土地柄だ。そんな環境の中で「毎日の食事にこだわりたいけれど、時間がない」という人々は、コッホハウスに来れば「手軽で美味しい料理」と出合うことができる。平日忙しく働き「料理にこだわりたいけれどそんな時間もない、でも外食は高い、インスタント食品は嫌」という生活者の日常生活にとっては、まさに「ちょうどいい」。**「時間のない生活の中でも、選び抜かれた美味しい料理を食べられる」手軽だけど満足できる存在になっている**のだ。

「これでいい」は外せないポイントを見抜いた「ちょうどいい」

さて、これまで「これでいい＝積極的妥協」の枠づくりについて話をしてきた。生活の中でさほど優先順位の高くない買物はこだわりすぎず割りきり、メリハリをつける。そして前向きに「これでいい」と思える商品やお店を選ぶというニーズに答える枠づくりだ。

生活者は上質な暮らしへの欲求は持っている。けれど忙しい生活の中で、日常生活すべてにおいて上質に暮らすための買物、選択への労力を回すことは難しい。捉えるべきはこの時に浮かび上がる「本来ならばこだわりたいのだけど、労力的に難しい、でも雑なのはイヤ」という心の声だ。そんな生活者の「こだわりきれないけど、ここは外せない」という気持ちを捉え、**先回りして機能、品質、デザイン、価格が高度に「ちょうどいい」商品や買物のスタイルを提案する。**そうすると数多くの商品や店舗から選ばずとも買物は効率化され心地よい体験ができる。そして、そのうえで生活者は「自分がもっと注力したい生活領域（家族と過ごす時間や趣味、交友、仕事など）」へ時間を割くことができるのだ。

「省力化したいけれど押さえておきたい」ポイントを見極めよう

ここで企業が「はじめの一歩」として始められることはなんだろうか？　まずは自社の商品、サービスに対する顧客の優先度を知ることが重要だ。もし「本当はこだわりたいけど、こだわりきれない」と考えられがちな商品であれば、複数のこだわりの中でもどの点を一番「外せない」と考えているのかを知るべきだ。

「保険は重要な買物だけど、自分では選びきれない、でもいい加減なものは選びたくない」というほけんの窓口が捉えた生活者の気持ち、「ドラッグストアは安いだけではなく質の高い生活も提案してほしい」というｄｍの捉えた生活者の気持ち、「イチから料理を考えて手づくりする時間はないけど、きちんとしたものを食べたい」というコッホハウスが捉えた生活者の気持ち。このような「外せないポイント」をどう捉え、商品・サービスに活かすかが重要なのである。

一度心地よい買物体験をした生活者は、今後買物をするときも、この心地よい体験を提供してくれた商品・サービスを、「これでよい」と前向きに選び続けてくれることだろう。

※1　取材協力：ほけんの窓口グループ株式会社

「これでいい」「これがいい」「これしかない」枠づくり。事例と解説だけでなく、もしあなたがこの枠づくりをするときに何を意識するべきか、わかりやすく復習できるように架空のビール会社を舞台にした「例えばストーリー」をコラムとして用意した。息抜きがてら読んでいただければと思う。

まとめのコラム1 ● カイモノビールの挑戦（これでいい編）

5年前にクラフトビールブームに乗って創業したビールベンチャー企業「カイモノビール」。「枠内の攻略」のマーケティングを始めようと「これでいい＝積極的妥協」の枠づくりをしてみようと思い立った、そんなある日……。

社長　「開発担当のヤマモト君。新商品の企画はもうできたのかい？」

ヤマモト　「社長、時代の波は【これでいい＝積極的妥協】の商品ですよ」

社長　「妥協ってなんか弱気じゃないか？」

ヤマモト　「家に帰ってからプシュッとうちのビールを飲むお客さんは、ビールなんてなんでもいい、とおもってはいません。しかし時代は健康ブーム。特にクラフトビール好きは、健康意識も高い。毎日飲むのだから**健康に気も使いたい、けれど味にもこだわりたい**[※1]とおもっているんです。でも市場に『健康で美味』をうたうビールはたくさんあってなかなか選びきれていない。

うちの会社のビールはカロリーもそれなりに高い。だから悩んでいるんです！」

社長　「おいおい、ずいぶん贅沢《ぜいたく》だな。健康にいいビールは糖類を減らさなきゃいけない。糖類を減らすと味もそれなりになるものだ。クラフトビールにそれを求められてもなあ」

ヤマモト　「社長、違うんです。うちの商品が最も支持されているのは後味の『苦味』。1日の仕事が終わった後に、ずしっと苦味を味わうことにファンははまっているんですよ。ここは押さえなければいけません。だからこそ、この苦味を残しながら、味を損なわないぎりぎりまで糖類を減らし、カロリー半分のクラフトビールを創ってみました！　これを、インターネットの定期購買限定で売り出してみましょう！　糖類の原材料費が減った分、値段も下げて。[※2]その名も【平日のクラフト】！」

社長　「いけるのか!?　それで本当にいけるのか!?」

半信半疑だった社長。いきなり大量販売するのはリスクだったため、当初はネット通販限定の数量限定品として発売を開始。当初は「クラフトビールなのに糖類オフってていかがなものか？」というコアファンからの疑問もつきつけられたものの「味わいが軽くて低カロリーなのに苦い」という今までにない味わいに一部のファンが反応。手ごろな価格もあいまって「毎日飲むにはちょうどいい」と1ケースを毎月定期購買するファンが続出。徐々にではあるが安定的に売り上げを伸ばす商品へと育っていった――。

※1　顧客の「こだわりきれない、けど妥協できない」気持ちを捉える

※2　商品の品質、機能、価格、届け方のバランスを絶妙に整える

POINT !

「これでいい＝積極的妥協」の枠づくり

●捉えるべき生活者の気持ち

自分の人生にとって優先順位の高い生活領域以外の買物は割り切って省力化したい。けれど「どうでもいい」わけではなく、自分にとって「ちょうどいい」品質、機能、デザイン、価格のバランスを持った商品や売り場の中から選びたい。

●提供すべき価値

自社がターゲットにする顧客が商品を選ぶ際「本来ならばこだわりたいのだけど、労力的にむずかしい、でも外せないポイントはどこかを捉え、自分から見ても周囲から見ても「悪くない」品質、センスを持った商品、サービス、売場を作る。

●ゴール

「生活の中で優先順位が高くない買物領域は、すべてここ（企業、ブランド、売り場）にお任せ」という存在になる。

●企業がすべきはじめの一歩

商品に対する顧客の優先度をはかり、何に対して「本当はこだわりたいけど、あきらめざるをえない」と考えているかを知る。その上で、あきらめつつも「妥協できない」ポイントを探り、商品、サービス、売り方を工夫する。

②「これがいい＝生活発見を提案する」枠づくり

次に紹介したい視点が「これがいい＝生活発見を提案する」枠づくりである。

かつて生活者の欲求は、いまよりも明確だった。戦後すぐ「揃える買物」の時代は「中流生活に必要なモノ」が欲しい、80年代安定成長期の「憧れる買物」の時代は「人よりも憧れられるモノが欲しい」、90年代からの失われた20年の「賢い買物」の時代は「コスパの良いモノが欲しい」。

しかし、その欲求の形がいまはわかりにくい。マーケティングの世界では「モノ消費からコト消費」と盛んに言われている。モノはもはや満ち足りている。モノではなくて、生活者が喜ぶ「コト＝体験」を売ることが重要なのだ、と。では、この体験を売る「コト消費」の時代に必要な「枠づくり」とはどのようなものなのだろうか？

コト消費の本質は、モノから生まれる「新しい生活体験」

そのひとつの答えが「生活発見の提案」である。いまの日本人は生活に不便がないくらいに一通りのモノは買い揃えた。むしろ揃いすぎて「断捨離」「ミニマムライフ」を始める人もいるくらいだ。それが故に「もう生活者は欲しいモノなんてない、満ち足りているんですよ」と言われることも多い。だから「モノ」ではなくて「コト消費」に移行したのだ、と。

しかし、必ずしもモノへの欲求が無くなったわけではない。博報堂生活総合研究所が1992年から2年おきに実施している「生活定点調査」を見てみると「今、どうしても欲しいものが、これといって思いあたらない」というモノへの欲求の低下を現すスコアは、1992年から2016年まで30％台で横ばい。もしよく言われるようにモノへの欲求が減少しているなら「欲しいものがない」という意識が上昇していてもおかしくはない。これを見ると、決して巷《ちまた》で言われるようにモノへの欲求が減少し続けているわけではないのだ。

むしろ重要なのは、「モノ」への欲がなくなったわけではなく、**「モノ」を欲しくなるきっかけが、モノそのものの魅力ではなくモノが実現してくれる「コト＝生活体験」にシフトした**ことだ。モノの機能性やブランドへの憧れで心を動かされるのではなく「このモノならこんな新しい生活ができるかも」という期待感が、モノを欲しくなるスイッチになったのだ。

見えにくくなった生活者の欲求

生活者の中には常にもやもやとした「こんな生活がしてみたい」という欲求がある。しかし、生活もモノもある程度満ち足りた中で、かつてのようにわかりやすい「渇望」はなくなった。例えば、かつては当たり前と考えられていた異性にモテたいという欲求。この欲求の存在でさえ、いまや当たり前ではない。日経産業地域研究所が2014年に実施した調査では「生活のなかで異性にモテるかどうかを気にする」20歳〜35歳の生活者は4割にも満たないという。※1

欲求が明確でなければ、生活者自身もその欲求を言葉にできない。筆者（山本）が博報堂に入社したのは2003年。入社当時は生活者に「どんな生活があなたの理想ですか?」「いま欲しいものは何ですか?」などと素直に質問して答えを得るようなスタンダードなアンケートやインタビュー手法が一般的だった。しかし2000年代後半から状況が変わり始める。生活者に素直に問いかけてもなかなか調査結果が真実と結びつきにくくなったのだ。

例えばある商品を知っている人は90％、「好き」と答えている人は80％、新商品が出たら買うと答えた人は60％……でも売れない。こんな状況が散見されるようになってきた。

こんな時代を迎える中で「生活者の言葉にできない欲求」を探るための調査手法が次々と開発、導入されていく。人間の脳波を計測して商品や広告への「本当の反応」を探る——、自分のしたい生活のイメージをたくさんの写真の中から直感的に選んでもらい、その写真を選んだ深層意識を探る——、一日中生活者の家の中で壁のように立ち尽くして家の中の様子やしぐさ、行動を観察、そこから言葉にならない本当の欲求を読み解く——。

生活者自身でさえ言葉で表現できない欲求をどう発見するのか、いまもなおその模索は続いている。けれども、生活者の欲求自体はなくなっていない。先述したように「どうしても欲しいもの」がなくなったわけでもないし、毎年確実にヒット商品は生まれ続けている。いま重要なのは、**生活者が明確に言葉にできない生活欲求をどう捉えるか、**そしてその欲求に対して企業がどう「新しい生活体験」を提案するかである。

形にならない欲求を企業から先回りして提案する

生活者の形にならない欲求を「こんな新しい生活はどうですか？」というコト＝生活発見の提案によって刺激。生活者の「こういう生活がしてみたかった！」という発見を促し「これがいい！」と思ってもらう。ある企業の商品・サービスや売り場の情報をチェックするだけで、手軽に「形にならない生活欲求」が形になると期待できるなら、生活者は買物をする際にその企業を「枠」として活用し始める。いわばこれが生活者に「これがいい」と思ってもらうための「生活発見」を提案する枠づくりだ。

近年、国内で話題になった事例でいえば、徹底的なおもてなし接客でカメラ初心者を愛好者に育て、多くのリピーターを生み出すことで栃木ナンバーワンカメラ店の地位を築いたサトーカメラなどが好例かもしれない。

カメラからもたらされる新たな楽しみを売る「サトーカメラ」

栃木県でその名をとどろかせるカメラ販売店、サトーカメラは全国に何百店舗も展開し、大量に商品を販売する大手家電量販店ではない。栃木県内に17店舗、従業員数も約150名というローカルのカメラ販売店である。しかし、県内でのカメラ販売台数は大手家電量販店を差し置いて、シェアナンバーワンを誇っているのである。その強さの秘訣は、カメラ初心者の話にじっくり耳を傾けながら、写真への興味を生み、育てる販売・接客スタイルにある。

カメラがデジタル化、小型化したことで以前よりも生活者は写真を撮ることが身近になった。特にスマートフォンの普及後、メモのように写真を撮る人も多い。しかし、気軽な小型デジタルカメラやスマートフォンの普及で、高額な一眼レフカメラ本体への需要は減少。そんな中で、サトーカメラはなぜカメラを売ることができているのか？　その秘訣は写真の「プリント」を入口に写真やカメラへの興味を生み、育てることにある。

いま生活者のデジカメやスマートフォンの中には日々撮りためられた大量の写真があ

サトーカメラスーパーカメラセンター宇都宮本店：筆者撮影

る。しかし、これらの写真の多くは「撮りっぱなし」になっていて振り返ることも少ない。その中には日々の感動や、美しいと思った瞬間を捉えた貴重な写真もあるかもしれない。しかし、撮りためたままで振り返ることもなければ、それは宝の持ち腐れだ。そこでサトーカメラは「想い出をキレイに一生残すために」をミッションに、写真初心者に対して撮りっぱなしにしている写真をプリントして形にすることを提案する。

　サトーカメラの店舗に入ると写真データを表示するモニターとその前に置かれた2人並びでゆったり座れるソファのセ

ットがいくつも置かれている。顧客はここで写真をプリントするのだが、その時にアソシエイトと呼ばれる店舗スタッフと話をしながら大量の写真の中からプリントするものをじっくりと選ぶことができる。顧客と横並びで写真を選びながら店舗スタッフはいろいろな話をする。「なんでこんな写真を撮ったのですか?」「趣味はなんですか?」「どんな写真を撮りたいのですか?」。写真には撮った人の趣味嗜好や生活がまるごと詰まっている。だからこそ、写真を見ながら話を聴くことで顧客のことが良く理解できるという。

店舗スタッフは、写真を顧客と一緒に眺めつつ、正直に「この写真はいいですね」「これはあまり良くない」など提案しながら写真選びをサポート。スタッフがおすすめする写真の中には必ずしも顧客の好みでないものもある。だが、顧客の好みだけで写真を選ぶと常に表情が同じキメ顔だったり、きれいに部屋が整理された写真ばかりだったりして面白みがない。残される想い出にはちょっとひょうきんな表情や、誕生日パーティーのあとの賑やかに散らかった部屋があってもいい。逆にそれが写真を見る時の楽しい会話のきっかけになるからだ。

店内に並ぶ写真を選ぶためのモニターとソファ：筆者撮影

こうしてスタッフとともに選び、印刷された写真を見ると、顧客は心を動かされる。今までのデジカメやスマホの液晶画面で見ていた写真とは異なる「形」になった想い出が、自分だけでは選べない豊かな表情でアルバムに収まり手元にあるのだ。顧客は写真を見ながら自分が何気なく写真を撮ってきた日常が、なんとなく過ぎ去った過去ではなく、喜びや発見に満ちた大切な日々だったと気づかされ、感動する。

顧客の写真を選ぶ手間を減らし、顧客自身では気づかなかった写真への発見や感動を促すサービスは好評で、サトーカメラはまずこの写真のプリントを通して多くの売り上げを得ることに成功している。さらに重要なのは、サトーカメラがこの写真のプリントを入り口に、さらなるビジネスチャンスを生み出しているという点だ。

プリントした写真に感動した顧客は写真を見ながら、プリントする体験がこんなにいいものなら「もっとキレイに写真を撮りたい」と思い始めるのだという。そして店内でスタッフに促され一眼レフカメラで写真を試しに撮ると、焦点の合った写真の美しさや背景のボカシを見て、スマホやコンパクトデジカメを超えた一段上の美しさを体感する。この体験がきっかけとなり「どうせ撮るならもっと綺麗に想い出を残したい」と高価格な一眼レフカメラや写真の撮影技術に興味を持ち始めるのだ。

サトーカメラの接客は通常1時間、最長5時間にもわたる。このように長い時間をかけて顧客に寄り添い「想い出をキレイに残したい」という、いままでにない欲求を生み、育てるお手伝いを店頭でしているのだ。

写真の価値に気づき、カメラを購入した顧客と店の関係はただ「カメラを買って終わり」にはならない。購入したカメラで撮った写真をプリントしに再度サトーカメラを訪れる。そして、写真をスタッフと吟味しながら、新たな写真技術を教わり、興味を深め、新たな商品を買っていく。場合によっては常連の顧客から写真の撮り方を教わり、交流することもあるという。このような店舗との関わりを通じて顧客の、形にはならなかったカメラへの欲求は次々と形になっていく。「自分はカメラを使ってこんな写真が撮りたかったんだ」「カメラを通して新しい仲間がつくれるんだ」「自分が良いと思っていた写真以外にも良い写真の撮り方はいっぱいあるんだ！」。撮りためた写真の「プリント」をきっかけに顧客は次々と写真撮影とカメラの喜びに目覚め始める。この喜びの連鎖に魅力を感じ、顧客の中には3カ月おきにわざわざ東京から栃木のサトーカメラを訪れ、写真のプリントとスタッフとの会話を楽しむリピーターもいるという。

顧客のリピート率が80%を超え、地域ナンバーワンになる秘訣はここにある。いわば**初心者の潜在的な関心を形にし、その関心を一緒に育てることを徹底的に、継続して行うのだ。**カメラではなく「撮る楽しさを売るカメラ店」と言われるのも頷ける。

顧客にとってサトーカメラは「行きさえすれば撮る楽しさを発見できる」場所になっているのだ。わざわざ本やネットで労力をかけて情報を探さなくてもいい。ここで店舗スタッフと語り合い、写真を選ぶだけで喜び・感動に気づき、自分ひとりでは気づけなかった「写真のある生活」の喜びを発見できる「枠」になっているのである。

その活動の成果は数字としても如実に表れ、栃木県の写真、レンズ、カメラの1世帯当たり消費金額は全国平均の3倍を超え、全国1位。栃木県民の「写真」への関心を育てた結果がここにあると言えよう。

サトーカメラは顧客の「撮った写真を自分で選ぶ」という労力を軽減し、顧客にプリントする喜びを促したうえで「もっとキレイに写真を撮りたい」をいう気持ちを育て、自社のビジネス拡大につなげている。このビジネス拡大の核である「想い出をキレイに残す」という喜びをより拡げるため2018年からサトーカメラは「ベタ焼き」というサービスを開始。大量の写真を選ぶことが面倒な顧客のために、1000枚の写真を約1万円で印刷するサービスをはじめた。2~3年分の自分の想い出が1万円で手元にとどく。何気なく過ぎ去ってしまったけれど、大切な日々の写真を見返すうちに、「スマホではなく一眼でもっと綺麗に想い出を残したい」と興味を抱き始める顧客はますます増えるだろう。[※2]

生活者の形にならない欲求を形にしてくれる「これがいい」枠の先進事例は国内だけでなく海外にもあるので紹介しよう。1つ目はドイツの雑貨店「チボー」だ。生活者のニーズを徹底的に研究し、毎週30点以上の新商品を発売し、その商品を4週間しか売らない。

新生活を提案する新商品を毎週30個も発売する「チボー」

チボーはコーヒー、雑貨、衣料、家電、家具など、値段は手ごろだが高品質な商品を販売する雑貨店。チボーは元々1949年にハンブルクでコーヒー販売店として創業された後に雑貨の販売を開始。店内では喫茶スペースと雑貨売り場が共存している。いまやドイツ全土に展開されており、気軽に行くことのできる存在だ。この雑貨店の面白いところは「毎週新しい発見を」をスローガンに掲げ、毎週テーマを変えながら流行をおさえた新商品を投入。発売した商品は、4週間しか売らないという販売方法をとっている。例えばある月の第1週は「初夏が楽しくなるアウトドアグッズ」、第2週は「書くことが楽しくなる文房具」、第3週は「夏にきれいになる美容用品」……のような形で毎週のテーマ設定とともに様々な新商品を発売するのだ。

そしてこのテーマの設定は単なる文具、美容などのカテゴリーごとの新商品というだけでなくそのシーズンにあったトータルの生活提案になっている。例えば2018年5月に発売された新商品のテーマは「青い夏」。夏に映える青をテーマに、ベッドのシーツや、リネン、パジャマや部屋を彩るライト、食器まで、商品カテゴリー横断型の新商品を売り出している。このような「新発売」を季節に1回ではなく、毎週チボーは行っているのである。

これらの商品を開発するためのチボーの姿勢は徹底的だ。商品テーマを決めるためにチボーのスタッフは今ヨーロッパで流行しつつある生活スタイルや商品を雑誌、WEBなどを通じたトレンドリサーチや店舗に集まる顧客の声を通じてリサーチしている。近年では商品開発、改善のヒントを得るためにインターネット上に「チボーコミュニティ」というチボーファンが集まるコミュニティサイトを開設した。このコミュニティサイトの形式はまるでSNS。ファンがチボーの商品を使っている日常にまつわる写真をコミュニティサイト上にコメントとともに日々アップしている。アップされる写真は、チボーの商品を使ったハロウィンやクリスマスなどの部屋の飾りつけやチボーで買った器を使った料理の写真、チボーの商品を使ったピクニックの様子まで多種多様。その写真を見たファン同士が感想や質問を交換しあう熱心なコミュニティになっている。※3 このような顧客の生活そのものを自然に観察することができる場所を持つことで、「いま生活者に提案すべきテーマ」をより精度高く磨いているのだ。さらにこのコミュニティはSNSのような機能だけでなく、登録したファンに対する商品モニターテストなどのより実践的な商品改善の機能も持っている。

チボーはこのような調査や顧客観察、モニターテストなどを通じたあくなき問いかけを通じて「いま生活者に提案すべきテーマ」を決定。その決定をもとに年に約2000もの商品を開発しているという。1年間は約52週だから、毎週おおよそ30~40個もの新商品を開発し、発売していることになる。

このように毎週考え抜かれたテーマと新商品を提案し続けるチボー。生活者は、毎週このお店を訪れるだけで、自分ではことばにできない生活欲求を刺激してくれる様々なトレンド商品と出合うことができる。商品は発売後4週間しか置かれないのだから、お店が商品であふれかえることもなく、選びやすい。

しかも重要なのが「これが欲しい！」と店頭で刺激を受けて買った後に「やっぱり違ったかも……」と後悔しても、購入後14日以内であれば返品は無料という点だ。だからこそ、ここに訪れた顧客は自分の感性を遠慮なく思いきりひらいて、自分の形にならない生活欲求と商品との出合いを楽しめるのだ。いまやドイツだけではなく、ポーランドやデンマーク、トルコにまで進出するチボーの原動力は、この「徹底して毎週新しい発見を提案し続ける」、「訪れた生活者が遠慮なく自分の生活欲求を刺激できる」点にある。

もはや「生活に新しい変化と刺激を求める」生活者は、**いろいろと探し回らなくても、毎週チボーに来店さえすれば、形にならない自分の欲求を、遠慮なく刺激して形にできる。**そして流行をおさえた高品質な商品を手ごろな価格で手に入れられる。まさにトレンドをおさえた「生活変化」を発見できる「枠」になっているのだ。

このような生活者に対する「生活提案」の枠づくり。モノや売り場だけでなく、いままで依頼すると高額だったプロの提案を、もっと手軽に生活者が受けられる。そんなサービスも生まれてきている。その好例として紹介したいのが米国のインテリアデザインサービス「ローレル&ウルフ」である。

家具選びと、購入のストレスを徹底的に削減した「ローレル&ウルフ」

ローレル&ウルフのサービスのコンセプトは「プロのサービスをもっとお手軽に」というものだ。米国では住宅の買い替えや引っ越しが多い。そんなときに、モヤモヤと「なんとなくこんな部屋にしたいなあ」という欲求はあるものの、家具に詳しくない素人が自分でコーディネートを考え、実現するためにぴったりくる商品を探すのは大変だ。そこでプロのインテリアデザイナーにどんな家具を置くべきかデザインやコーディネートを頼む人もいるが、業者によってはこれがなかなか高額で、一部屋1000ドル程度することもあるという。これではなかなか手が出ない。

そんなプロの提案サービスをネットの力でより手ごろにしたのが「ローレル&ウルフ」だ。650人以上のインテリアデザイナーと契約し、顧客に最適なインテリアデザインと買物の体験を与えている。

サービスの中で顧客がすることは非常にシンプル。ウェブサイトを訪れて、コーディネートしたい部屋の数や使用用途（寝室、リビングなど）と家具の購入予算についての質問にワンクリックで回答し、最後に自分が使いたいサービスプランを79ドル、１４９ドル、２４９ドルの３つから選択し支払いし、デザインをしたい部屋の現状の写真をデータで送る。そうすると複数のデザイナーが、送られた部屋の写真の上に壁紙、置くべき家具などを疑似的に配置したデザインイメージ案を提出してくれる。あとは、その中で気に入ったデザイナーとおもにウェブ上でやり取りすればいい。気に入らない家具をデザイン案から削ったり、さらに自分の要望を伝えたりしながら、納得のいくデザインに仕上げていく。

プランによっては1万円以下で複数のプロから提案を受け、じっくり相談できるというだけで贅沢なのだが、さらにすごいのは家具の買物まで楽だということだ。コーディネートした商品はウェブ上でワンクリックするだけでまとめて購入できるのだ。デザイナーに指定された家具をわざわざ複数の店で買い求めるのは大変だ。しかし、ここではワンクリックで家まで届き、ウェブ上で一番安い店舗で購入できるので、予算も効率的に使えるという。

また家具が届きっぱなし、というだけではない。どの家具を、どこに設置するかを説明するフロアプラン、取扱説明書まで送られてくるので、商品が届いてからの部屋づくりも安心してできる。部屋のデザインから、家具の購入、設置までその労力を限りなく削減した買物体験がここで実現されている。2018年、ローレル&ウルフは、顧客の好みに応えるため自社ブランドでの家具生産も決定。その可能性をさらに広げつつある。

生活者にとってはこのサービスを頼みさえすれば、**自分のモヤモヤとしたインテリアデザインのイメージをプロの確かな提案によって形にできるだけでなく、煩雑で労力のかかる家具の買物もワンクリックで済ませられる。**まさにここに任せれば、労力をかけずに質の高い生活提案を受けることのできる「枠」になっているのだ。引っ越しや家の買い替えの多い米国では、この買物体験こそが「次に新しい家を買ったら、またローレル&ウルフに頼もう」というリピート意向につながっているという。

マイナス改善ではなく「生活発見」を考える

さて、ここまで国内外の「これがいい＝生活発見を提案する」枠づくりについて語ってきた。これらのケースに共通するのはまず**「労力の効率化」**である。様々な探索に手間をかけずとも「ここに行くだけでいい、ここで選ぶだけでいい」ということが生活者に保証されている。ここまでは先ほど紹介した「これでいい」枠づくりとも共通している。

さらに重要なのは**「行くだけで、選ぶだけで、質の高い生活変化への提案に出合える」**という点だろう。自分のモヤモヤとした形にならない生活欲求に対して、企業が「こんな生活どうですか？」と一歩先を行く提案をしてくれる。だからこそ提案された生活者は「自分の生活が変わりそう！」という喜ばしい発見を得て、「これがいい！」と感じ、購入することができるのだ。この「手軽に、労力をかけずに質の高い生活提案を受けられる」ポイントこそが、「これがいい！」と思われる枠づくりに重要な点である。

ただ、そこには並々ならぬ企業努力がある。サトーカメラは、徹底的に顧客と向き合い、ともすれば非効率なほどの時間をかけて接客をしながら生活提案を行っていた。チボーは、徹底的に流行と顧客意識を分析、さらには店舗ごとの顧客の声に耳を傾けて新生活を提案するため毎週30～40点の新商品を開発。ローレル&ウルフは大量のデザイナーを組織化し、顧客の労力をとことんまで減らして「新しい生活」に出合えるシステムづくりに邁進《まいしん》している。

生活者の形にならない欲求を形にする。そのためには、顧客に徹底して寄り添う力、一歩先をゆく生活のデザイン力が求められるのだ。それも一過性ではなく、継続的に。

では、企業がこの「枠」をつくろうとするときにまず「はじめの一歩」としてできることはなんだろうか？　それは商品・サービスが生活者に対してどんな「生活発見」を与えられるのかを考えることだ。それには従来の「モノ」発想からの転換が求められる。

ここで重要なのは「便利になる」「快適になる」「早くなる」など、これまでマイナスだったものが改善される、という発想ではない。

自社商品・サービスによって生活者も気づくことのなかった「新しい生活」に目覚める。いままで想像もしていなかった、想像以上の発見が手に入る。その期待感をいかにつくれるかが重要なのだ。

その時に、顧客の生活を具体的に考え、生活にどんな想像以上の「コト（生活体験）」があったら嬉しいのかを考えてみよう。その「コト（生活体験）」づくりにこれまでの商品、サービスをどう活用できるだろうか。

※1　「「モテたい意識」しぼむ若者　異性より自分が好き」（NIKKEI STYLE／日経産地研調査）
（https://style.nikkei.com/article/DGXLASFK08H2P_Z00C14A9000000）

※2　取材協力：サトーカメラ株式会社

※3　チボー公式サイト（https://community.tchibo.de/de-DE/start）

まとめのコラム2 ● カイモノビールの挑戦（これがいい編）

【平日のクラフト】のスマッシュヒットですこし稼いだカイモノビール。こんどは「これがいい」枠づくりにチャレンジしようと思い立った。そんなある日……。

社長 「おい、ヤマモト君。次も上手くいくんだろうね？」
ヤマモト 「社長……。僕、30代独身じゃないですか？」
社長 「お、なんだ。唐突に……」
ヤマモト 「実はですね……。これから日本では独身の30代がめちゃくちゃ増えていくんですよ」
社長 「そうなのかっ!? 確かに生涯未婚ってことばをこの間テレビで聞いたな」
ヤマモト 「そうなんです！ 増えていくんです。そんな人たちは、お金を自分のために使える、けれど時間がないから家ではコンビニご飯ばっかり。家でご飯作ると無駄が出るし、時間もない。けれど一人で外食はやるせない。でも、残業終わって夜9時に缶ビールとコンビニ弁当って、がんばった自分にごほうびもあげられなくてなんかつらい[※1]と思っている人も多いんですよね」

社長　「うーん、たしかにそれは少しつらいかもな、女性はごほうびスイーツとか売ってるものね」

ヤマモト　「そうなんです！　そんな彼らに向けて工場直送作りたての少量生ビールサーバーと、生ビールに合う、温めるだけのおつまみセットを週3回届けるサービスを始めてみたいと思うんですよ」

社長　「なにっ？」

ヤマモト　「その名も【極上の夜9時】。残業終わって家に帰ってからの、ひとりぼっちだけど至福の時間を実現する、ビールとつまみです！　いつもの夜が、小さなビールサーバーと、温めるだけのおつまみで、誰にも気を遣わずに自分にごほうびをあげられるぜいたくな時間になるんです。[※2]キャッチコピーは、『毎晩、部屋でごほうびビアバー』」

社長　「いけるのか!?　それいけるのかっ！」

その後、30代独身サラリーマン中心に【極上の夜9時】はヒット。カイモノビールの屋台骨になったという――。

※1　自分たちの顧客の生活、心理を具体的に捉える

※2　モノ発想ではなく、モノでどんな生活体験を与えられるのかを考える

POINT！

「これがいい＝生活発見を提案する」枠づくり

●捉えるべき気持ち

モノよりもコト消費にときめく。しかし、モヤモヤと「こんな暮らしをしてみたい」という気持ちはありながら、うまく言葉にできないし、願望を実現するための労力もかけられない。

●提供すべき価値

生活者がモヤモヤと抱きつつも言葉にできなかった欲求に対して、商品・サービス、売り場を通じた「生活発見」の提案を行う。

●ゴール

新しい生活の便利・楽しさを求めたときに必ず新商品をチェックする、生活者の相棒的存在になる。

●企業がすべきはじめの一歩

自社の顧客の生活を考え、顧客が喜ぶ想像以上の「コト（生活体験）」は何かを考える。その時に自社の商品・サービスがどのように貢献できるかを考える。

③「これしかない＝参加できる」枠づくり

そして最後に紹介したい枠づくりの視点が「これしかない＝参加できる」枠づくりだ。第1章でもふれたように2010年代前半から爆発的に普及したSNS。このSNSの普及により、生活者は手軽に人とつながり、コミュニティに参加できるようになった。近年世界的にユーザーを増やすSNS「インスタグラム」では「#○○な人とつながりたい」というハッシュタグが盛んにやりとりされている。ハッシュタグとは「#」と書かれたハッシュマークの後にキーワードを入れればそのキーワードが「タグ」と呼ばれる目印となり、検索や似たような関心を持つ人同士で話題を共有することのできる仕組みだ。例えば「#旅行好きな人とつながりたい」「#写真好きな人とつながりたい」と投稿すれば、見ず知らずの、けれど同じ好みを持つ人とつながることができる。そして自分たちの興味ある情報を交換しながら、参加する喜びを得ることができるのだ。

かつて存在していたご近所付き合いなどの「地縁」は弱まり、生涯未婚の単身者が増える中、「血縁」も希薄化。会社もコミュニティとしては機能しにくい時代になった。

そんな中で、SNSの登場と普及によって旧来のコミュニティにとらわれない、気軽で新しい「参加」の形が生まれ、参加する喜びも生まれている。

このようないままでにない「参加する喜び」が生活者に広がる時代、消費のカテゴリーにもいままでの企業と消費者の枠を超えた、新たな消費のあり方が生まれてきている。それが「消費者自らが参加できる」という枠づくりである。

「参加できる」消費を顕在化した「AKB48」

「参加できる」という文脈での消費の変化が最近生じたカテゴリーに一体何があるだろうか。最初に思い浮かぶのが「アイドル産業」である。矢野経済研究所が2017年に実施した「オタク」市場に関する調査によると、2016年のアイドル関連市場規模は前年度比20・6％増の1870億円。「ジャニーズ」「AKB48」グループのファン層が市場を支えるとともに、そのほか、複数のアイドルグループの台頭によって市場は拡大傾向にあり、「2017年度のアイドル市場規模は前年度比12・3％増の2100億円と拡大を予測する」と分析されている。※1

まさに成長市場。なぜこのように急速な伸長が可能になったのか。それには「消費型」から「参加型」へのマーケティングモデルの転換があった。いまでこそアイドルも〝身近な存在〟と言われるようになったが、かつてはアイドルといえば「テレビの中の憧れの存在」であった。1997年、「モーニング娘。」がデビューする時に、メンバー全員でCDを手売り行脚《あんぎゃ》をするなど行ったものの、彼女たちの想いとファンを盛り上げたのもまた「テレビ」だった。そもそもモーニング娘。はテレビ東京系の「ASAYAN」の番組内の企画から生まれたアイドルだ。当時アイドルはまだ、遠い画面の向こう側にいて、生活者はその一挙手一投足に注目し、CDを買ったり、ライブに行ったりする対象だったのだ。そのアイドルグループの物語を背負う主役を見出すのも「テレビの向こう側」の人たちだった。

しかしご存じのようにAKB48がデビューしたあたりからその潮目が大きく変わり始める。「会いに行けるアイドル」というコンセプトのもと、まさに日々アイドルに会えるAKB48専用の劇場がつくられた。AKB48は従来のアイドルのビジネスを変革し始める。秋元康プロデューサーはファンの応援によってメンバーの立ち位置やグループの趨勢《すうせい》が決まる、これまでにない画期的なファン「参加型」のアイドルを生み出した。タイプの違うメンバーで構成され、どんな人でも応援したくなるメンバー「推しメン」を見つけられるグループ構成。毎年実施される「AKB48選抜総選挙」では、ファンがCD購入と共に「投票権」を入手。自分の好きなメンバーに投票することができる。ファンの応援によって注目度や順位が変わり、ひいてはメンバーのアイドル人生が変わってしまうことまである。自分が投票したメンバーが上位に食い込み、どんどん活躍する姿を見ることができる。AKB48グループの次世代を担う主役や、新たな物語をファンも一緒に見出していると言えよう。

さらに、そのメンバーに実際に会いに行き、握手することもできるのだ。リアルなコミュニケーションを通して、これまでにないアイドルとファンの絆が生まれている。AKB48グループ黎明期、秋葉原のAKB劇場に通い詰めていたという知人の男性はこんなことを言っていた。「僕がAKB48を知ってるっていうよりも、AKB48が僕を知ってるって感じですね」。これはただの一般人、熱心な一ファンの発言である。しかし、テレビでただ見ていた時代ではありえないような「参加」型の消費がここでは生まれている。そして、このような変化が誰もが気軽にコミュニティに参加できるSNSの拡大と同時期の2000年代後半から起きたことは、生活者の「参加」型の消費への欲求の高まりをわかりやすく表しているといえるのではないだろうか。

そして、この「参加」型消費で生まれているのは自分自身がAKB48グループという存在、物語を共につくり上げる仲間であるという意識である。**応援することに「労力」は感じず、むしろ「やり甲斐」へと昇華され、「これがいい」さえも超えた「これしかない」という強力な絆、「枠」になっている。**

このような参加型消費がいまやモノ・サービスの買物まで波及している。例えば、日本全国のみならず世界各国で店舗を展開し、「ムジラー」と呼ばれる深いファンも持つ生活雑貨流通「良品計画」の「くらしの良品研究所　IDEA PARK」などはその好例だろう。

ファンとともに商品を改良・開発する「くらしの良品研究所　IDEA PARK」

「くらしの良品研究所」では、無印良品の商品開発の過程や日々のくらしを丁寧に取り上げたコラムなどを定期的に発信。無印良品ファンにはたまらない情報を発信している。そして重要なのは、このサイトは「発信」をしているだけでなくファンが「参加」できる仕組みまで作っている点だ。くらしの良品研究所サイト内にある「IDEA PARK」では生活者からの商品改善や新商品開発へのリクエストを手軽に投稿することができる。2016年のサイトリニューアルから2017年までで実に週平均150、年間平均7900ものリクエストが寄せられ、そのうち約570の要望は実際に新商品開発や、商品改善にも活用されたという。さらにIDEA PARKを見て驚くのは、日々集まる生活者からの要望の数だけではない。その中で生活者同士が無印良品の新商品アイデア、改善アイデアのために意見交換し、交流するコミュニティにもなっているということだ。

この意見交換の場では、無印良品のスタッフ自身が何か発言をすることはないものの、意見を寄せるロイヤリティの高い無印良品ファン同士がお互いの意見に「いいね」をつけて評価や意見交換をしている。その中でただ単に商品への要望を言うだけにとどまらない、質の高いものづくりのコミュニティを自然に形成しているのだ。

なぜこんなに参加性の高い、高品質な場づくりができるのか？　そこには生活者から無印良品への大きな期待がある。運営担当者がかつてIDEA PARKで高い頻度で意見を言ってくれる顧客に対して「何故そんなに意見を届けてくれるのか?」と聞いたところ「無印さんならやってくれる気がする」という意見が多く寄せられたという。顔の見えないWEB上であっても顧客の意見にしっかりと向き合い、その願いをかなえてきた無印良品だからこその期待がここに寄せられているといえるだろう。

くらしの良品研究所では現在、生活者からの投稿を待つだけではなく無印良品側から生活者に向けたアンケート企画、意見募集も実施。生活者の参加しやすい環境をますます整えている。

消費するだけでなく、商品をつくり上げる側に自分も参加できる仕掛けがあるからこそ、全世界に展開するメジャーブランドでありながらも「これじゃなきゃダメ」という深いファンを抱え込むことに成功しているのだ。まさに熱心な顧客からみた無印良品は「消費だけでなく、参加」できることで「やり甲斐」を得られる存在になっているのだ。だからこそ熱心なファンにとって他の競合店舗とは比較することさえない「これしかない」という、唯一無二の枠になっているのである。[※2]

顧客が会費を払って、店員として働く「ザ・ピープルズ・スーパーマーケット」

このような「やり甲斐」を得られる参加型の枠づくりをさらに力強く実現したスーパーマーケットがイギリスにある。それは「ザ・ピープルズ・スーパーマーケット」だ。

このスーパーマーケットのスローガンは「何か良きものの一部になろう」。ただ安く消費するだけでなく「オーガニック野菜の地産地消」「食品廃棄ロスの低減」「途上国支援」などの「社会的な良きこと」のために行動することをミッションにしている。そしてこのミッションを達成するため、理念を共有した人々とともに運営されていることがザ・ピープルズ・スーパーマーケットの重要なポイントだ。

このスーパーマーケットに正規の従業員はいない。スーパーの理念に共感した「会員」が働いているのだ。会員は年間25ポンド（約3500円）の会費を払ったうえで、さらに月4時間の労働をしなければならない。その代わりに、タバコとお酒を除くすべての商品を20％引きで購入することができる。そしてこの会員たちで「何を仕入れるべきか」「これからどんなイベントをするべきか」を話し合い、経営方針まで決めていく。

2010年に生まれ、一時は倒産の危機にも見舞われたそうだが、その斬新なモデルが故に当時の英国首相キャメロン氏の訪問も受け注目され始める。現在では1000人以上の会員を擁し、様々な社会的問題関心のある地元の人々を巻き込みながら継続運営されている。いわば顧客が運営資金を負担し、働き、経営にまで参画するスーパー。参加する側には明らかに金額的なコストも、労力的なコストもかかっている。しかし、大量生産大量廃棄、環境破壊や、途上国の発展を阻害するアンフェアな貿易がまかり通るこの世界に異を唱える人々にとって、この参加コストは高くはない。むしろ**金銭や労力というコストそのものが「よきものの一部になり、世界を変える」ためのやり甲斐になっている**のである。まさに高い志に共感した生活者自身がスーパーでつながり、主役になり「店舗そのものを育てる」。そこで仲間と共に参加することで自己承認とやり甲斐も感じる。さらに、安価な価格で商品も買える。だからこそ他のスーパーとは比較すらする必要のない「買物をするならば、ここしかない」という枠になっているのである。

かかる「労力」が「やり甲斐」へと昇華される

いままで紹介してきた「これしかない」という枠づくり。「これでいい＝積極的妥協」「これがいい＝生活発見の提案」の枠づくりとはかなり様相が異なる。「これでいい／これがいい」枠で重視されていたのは、情報とモノが氾濫する世の中で選ぶ余裕のない生活者の「選ぶ労力を効率化する」ことだった。「これでいい」枠では企業が「品質、デザイン、価格」の高度にバランスの良い商品を提供。人生において優先度の高くない商品の選ぶ手間を省力化していた。「これがいい」枠では、企業が生活者の形にならない欲求を一歩先に「生活発見」としてモノやサービスを通して提案。生活者の形にならない欲求を探し回る手間を省力化していた。

しかし「これしかない」枠ではむしろ生活者自身の手間や労力自体は「参加」することで増加している。わざわざ自分で意見を発信したり、応援するための時間をかけたり、場合によっては身銭まで切らなくてはいけない。一見するとなんだか「とても大変そう」に感じる。

だが、ここで起こっていることもある意味で「労力の省力化」につながっているのだ。「これしかない」枠において生活者の労力は、もはや労力ではない。いや、労力ではない、というよりも「労力」として感じられていないといった方がいいだろう。むしろ、ここでかかった参加するための労力は「やり甲斐」に昇華されている。自分の参加する対象のために労力をかけたことで、商品やサービスに前向きな変化が起こる。そのことに対し生活者は「参加するやり甲斐」を感じ、没入し、対象の商品やサービスへの愛がより深まっていくのだ。

商品・サービスを顧客の人生の一部にしよう

「これしかない」枠を生み出すことは、一般的なマーケティングを行ってきた企業にとっては非常にハードルが高い。競合他社にはない強い理念を掲げて、顧客の共感を得て、本気で巻き込む力が求められるからだ。そのポイントにはもはや「企業」としての顔つきよりも「人」としての顔つきが求められる。AKB48グループはまさに「人」を応援する、無印良品は生活を変えてくれる「企業の人格」が信用されている、ザ・ピープルズ・スーパーマーケットは生活者でありながら社会をよくするために働く「人と人のつながり＝ピープル」がビジネスモデルそのものだ。

SNS上で気の利いた発信をして「人格」を認められる企業は確かに増え始めた。しかし、その認められた人格を、生活者から見た単なる「面白い人」ではなく、「一緒に作り上げる仲間」に変える必要がある。企業・経営者がどんな人格を持ち、どんなやり方で自社の命である「商品・サービスの改善」まで本気で生活者を巻き込めるのか。巻き込んだ生活者にどうやって「自己承認」や「やり甲斐」を感じてもらうのか。

このために企業がすべき始めの一歩は何か。それは自社の商品・サービスが「生活者の人生充実の一部」になるための可能性を探ることから始まるのではないだろうか。商品・サービスをめぐって生活者が自分の人生の一部を差し出してでも「参加したい、応援したい」と思える企業と生活者との**「共通の目標づくり」**が必要だ。

それはAKB48グループのように「このメンバーを応援して世の中に出したい」という目標かもしれない、無印良品のIDEA PARKのように「自分たちの困りごとを解決するモノづくりを期待に応えてくれる企業と一緒にしたい」という目標かもしれない。ザ・ピープルズ・スーパーマーケットのように「社会の不正義を改善したい」という目標もあるだろう。これまでの商品・サービスの特徴を考えたうえで、生活者と共感し合えるどんな共有目標を立てるのかが重要なのである。そして、ただ生活者に共感・賛同してもらうだけでなくそこに参加することでのやり甲斐を感じられる仕組みを考えねばならない。この時に、目標を成し遂げるための「労力」を生活者に課すことを恐れてはならないだろう。

※1 「クールジャパンマーケット／オタク市場の徹底研究 2017」（矢野経済研究所）
（https://www.yano.co.jp/press/download/001773）

※2 取材協力：株式会社良品計画

まとめのコラム3 ● カイモノビールの挑戦（これしかない編）

【極上の夜9時】のヒットで、都心にビルが建ったカイモノビール。もっともっとファンを巻き込もうと「これしかない」の枠づくりへの挑戦へ乗り出す。

ヤマモト　「社長、フェスやりましょう！」

社長　「なんだ、盆踊りか？　だんじりか⁉」

ヤマモト　「違います。【極上の夜9時】のお客さんを招待して、みんなで30代以上の独身男性だらけのビアフェスティバルを開くんですよ！」

社長　「ちょっと暑苦しくないか……」

ヤマモト　「いいんです！　テーマは【極上のひとりフェス】。ひとりで生きる大人の男たちが、これからの時代に心地よく過ごすためのライフスタイルを生み出そう！[※1]　と高らかにかかげて音楽、食、ファッション、スポーツ、家具や雑貨、家電……ビールだけでなくカルチャー横断型で体験するフェスをやるんですよ！　参加者は30代以上の独身男性限定！　ネタを持ち寄るのはカイモノビールのファン自身！[※2]　フェスの会場には『食』『音楽』『ライフスタイル』『カルチャー』の交流会場を用意して、一日中それぞれの会場で体験イベントを開催するんです。音楽のブースではファンが結成したバンドのライブフェスをやって、食のブースではファンが開発したカイモノビールに合うおつまみレシピ選手権をやりましょう！　ライフスタイルブースでは家具と家電が大好きなファンの人から『極上の男一人暮らしにあうインテリアと家電』をおすすめしあうプレゼン大会をしたり、カルチャーブースでは読書好きのファンが推薦する、カイモノビールを飲みながら楽しみたい小説の朗読読書会、なんてどうでしょうか？　こうやってファン自身が普段こだわっている独り身でも心地の良いライフスタイルをお互いに紹介しあうんです」

社長　「すごいね、でっかいおじさんサークルフェスティバルだね！」

ヤマモト　「みんなで、【極上の夜9時】を飲みながら、語って、歌って、踊って、聴いて……ここでならカイモノビールの『もっとリラックス』という創業理念を深く体感できるとおもいます！　ぜひ、やってみませんか⁉」

社長　「ほー。なんか行ける気がする……」

その後、開催された【極上のひとりフェス】には数千名の独身男性が集まり大盛り上がり。食の会場でファンが持ち寄った「おつまみレシピ」№1がカイモノビールの公式おつまみとして商品化されるなど、ファンを巻き込んだ商品開発にまで結実。ファンの声が大好きなカイモノビールの商品開発に活かされたことは、さらなる熱狂を生みファンのロイヤリティを高めた。さらに「30代以上の独身男性限定」というコンセプトはマスコミやネットでも話題となり、翌年からさらに参加者は増加しカイモノビールの毎年恒例のファンイベントになった。

ここで集まった、ロイヤリティの高いファンから寄せられる声から、カイモノビールはさらに新商品を開発。より精度の高い商品・サービス開発が可能になったという。

※1　顧客の共感を呼び巻き込むコンセプト、テーマの設定が重要

※2　顧客に与えるだけでなく、顧客の参加性も重要

POINT！

「これしかない＝消費だけでなく参加できる」枠づくり

●捉えるべき気持ち

与えられたものをただ消費するのではなく、参加・応援を通してやり甲斐、自己承認を得たい。

●提供すべき価値

多少労力がかかっても、参加・応援を通してこそ得られる充実感。

●ゴール

生活者の人生の充実を支える居場所として、比類なき「唯一無二」の存在になる。

●企業がすべきはじめの一歩

企業の商品・サービスをめぐって生活者が自分の人生の一部を差し出してでも「参加したい、応援したい」と思える「共通の目標」を生み出す。そこに参加することで充実を感じられる、継続的な仕組みを考える。

エピローグ　そして御社は選ばれる

生活欲先導マーケティングの時代

さて第2部では「枠内攻略」という生活者があらかじめ絞り込まれた範囲の中で選択を行う時代に、マーケティングはどう変化するのかを提言。その時に重要な「枠」づくりの視点を3つ提示した。このような新しいマーケティングのありかた。これを一言で表現するならば**「生活欲先導マーケティング」**と言えるのではないだろうか。

「これでいい／これがいい／これしかない」すべての考え方に共通するのは、企業はただ「すでにある生活者の要求に応えればいい」わけではないということだった。「これでいい」では、生活者の買物を省力化したいけれど、外せないポイントを見抜いて「ちょうどいい」と思われる商品を先回りして提示する。「これがいい」では生活者の形にならない欲求を、商品・サービスの形で一歩先に提案する。「これしかない」では生活者が労力を割いてでも応援、参加したくなるような共通の目標を企業が掲げる。

かつてモノが足りない時代に企業が「この商品便利でしょ」とモノを生活者に問いかけるプロダクト・アウトの時代があった。その後マーケティングは「生活者の欲しいものに耳をかたむける」というマーケット・インの時代になる。しかし、モノが満ち足り、情報の複雑化によって生活者の欲求が見えにくくなった今、もう一度企業は、生活者に先行して「問いかける」時代がやってきた。ただ、プロダクト・アウトの時代と異なるのは、企業が問いかけるのは単なる「改善」や「機能・利便性」ではないということだ。

これからの企業に求められるもの。それは**「未来の生活像」の問いかけ**だ。生活者の「安心して効率的に選びたい欲求／形にならないもやもやとした欲求／参加、応援したい欲求」に対して「これでどうですか?」と未来の生活像を問いかけ、その生活に賛同した生活者の「生活欲」を企業がリードしていくことが求められている。

企業は、これらの生活欲をリードできる「未来の生活像」を問いかける必要があるのだ。いわば、これからの時代に求められるのは「プロダクト・アウト」ではなく**「フューチャー・アウト」**だ。

別に見たことのないテクノロジーや大きなイノベーションがなくてもいい。企業にすでにある技術、商品、サービスと生活者の欲求の間を見極めた時、自社が生活者のどんな未来の生活欲をリードできるのか？　それを構想することからすべては始まるのだ。

企業と生活者がコール＆レスポンスし続ける未来へ

このように企業が生活者に「問いかける」ことが重要な時代になると、企業と生活者の関係が大きく変わる。企業が「問いかけ」を行い、一度自社のブランド・サービス・売り場を「枠」として認知してもらったからといってそれだけで安心はできない。「枠」として機能し続けるための継続的な問いかけと関係作りが重要になるからだ。

実は、本書の中で紹介した「これでいい」「これがいい」「これしかない」という枠を実現した企業の多くがすでにこのような「継続的問いかけ」の活動を始めている。

「これでいい」枠づくりで紹介したミールキット専門店のコッホハウス。ここは前菜から主菜、デザートまで厳選された18種類のミールキットを店頭で売っているものの、このメニューの一部は顧客のニーズに応えるために毎週変化する。そして顧客に人気があったベストレシピは、コッホハウスのウェブサイトからレシピ本として購入することができ、このレシピ本も顧客の人気とともに更新され続ける。365日料理をする人を飽きさせず、厳選されたベストなレシピを提供しつづけようとする姿勢がここから読み取れる。「これでいい」と顧客に思いつづけてもらうための継続的な努力がここにあるのだ。

また、「これがいい」枠づくりで紹介した週30〜40の新商品を投入し続けるライフスタイル雑貨店チボーは、毎週あるテーマを掲げて新商品を店舗に継続的に展開し続ける。さらには自社のコミュニティサイトを作って、そこで日々アップされ続ける顧客との関係を観察し続ける。時には「この商品に評価ください」と商品そのものをテストモニターたちに問う。店舗から商品開発まで、顧客にとって「これがいい！」という買物体験を生み出し、維持するための活動を継続的に行っているのだ。

さらに「これしかない」枠づくりで紹介した、自分でお金を払い、働く義務を負ってまでお店の経営に参画するザ・ピープルズ・スーパーマーケット。この店舗で掲げられる社会貢献のテーマも継続的に変化し続ける。ある月は「地産地消」、別の月は「フェアトレード商品」、さらには「食品廃棄の減少」等々だ。世の中を身近な場所からよくしたいと願う顧客とともに、様々な社会問題のテーマを問いかけ、顧客を巻き込み続けているのである。

生活欲先導マーケティングの時代、生活者と企業は、かつてのように「コスパの良い商品を探し、比較検討して終了」という点と線の関係ではもはやなくなる。企業は生活者に対して、自分たちと共に暮らす未来を問いかける。問いかけられた生活者は「これでいい／これがいい／これしかない」それぞれの立場で企業と継続的にかかわっていく。企業と生活者は継続的にかかわりながら、互いに耳を傾け、企業が新たな問いかけをし、生活者が賛成、反対、スルーの態度を見せ、その反応からモノやサービスが改善されていく。音楽のライブなどでアーティストが観客に呼びかけ、観客が大声で応える「コール&レスポンス」というものがあるが、まさに企業が生活者に問いかけて、生活者が応え、それによって企業の問いかけ自体も変化する、コール&レスポンスのような連続し変化する関係になるのだ。この問いかけと反応の関係をうまく作れない企業は一度「枠」として機能しても、その後脱落してしまうことだろう。

「枠内攻略」の時代は、企業と生活者が消費ではなく互いに呼びかけ応えつづける「契約」に似た長期的関係を結ぶ新しいフェーズへと移行するのだ。

コール&レスポンスを繰り返す中でより深い絆をもったファンをつくるために「これでいい」「これがいい」「これしかない」という枠づくりを1つだけでなく、より戦略的に使い分けるという方法もある。

本書の「まとめのコラム」で取り上げたカイモノビールはその使い分けで幅広い顧客を掴み、熱狂的なファンへと育てた。

カイモノビールは最初により多くの顧客をつかむため「健康に気も使いたいけど、ビールの味にもこだわりたい」という幅広いニーズにむけて「これでいい」枠づくりを実践。「クラフトの味は妥協しないけどカロリーオフのビール」を発売。

次に、獲得した顧客との関係を深めるために「これがいい」枠づくりにトライ。増え続ける一人暮らしの働く男性にターゲットを定めた。彼らの「一生懸命働いた後の一人の夜に、いつもと違うご褒美があればなあ」という気持ちを捉え、週3回小型のクラフトビールサーバーとこだわりのおつまみが届く定期配送サービスを開発。平日の「極上の夜9時」という新たな発見を問いかけ、成功した。

そして最後に、この顧客をカイモノビールから〝浮気しない〟熱狂的なファンにするために「これしかない」枠づくりを実行。「極上の一人暮らし」をテーマに集った顧客自らがネタを持ち寄り参加するフェスを開催。顧客同士がブランドに参加する熱狂的なファンに成長させ合うことに成功した。

このように、企業は複数の枠を組み合わせて問いかけることで、顧客の入口を広げ、そこからロイヤリティを育成する戦略にも活用できるのだ。

生活者に選ばれる「枠」をつくることも大変、さらにこの「枠」を機能させ続けるために問いかけと反応を繰り返すことも大変……。そう思われた方も多いかもしれない。けれどよく考えてほしい、かつてTVCMを使ったマスマーケティングがこの世に生まれてきた時「そんな大規模で大変なこと!」とビジネスマンが驚いた。豊かになり生活者のニーズ細分化をはじめ「生活者の気持ちを考えたマーケティング」が生まれた時

「そんな高度なこと!」と驚いた。インターネットを活用したマーケティングが生まれた時も「そんな複雑で手間がかかること!」と驚いた。けれど、どの時代のマーケティング変化にも企業やビジネスマンは食らいつき、新しい時代を切り開いてきたではないか。

いま再び訪れた変化の時代。この変化に御社がついていくことができれば、持続的、継続的に生活者から「枠」として選ばれ続けることができるだろう。

そしていま起きている大きな変化と向かい合うあなた。この本を読んでいただいたあなたと未来に向けた新しい「枠」づくりの仕事をご一緒できればこれ以上嬉しいことはない。

さあ、一緒に未来の生活欲をリードするマーケティングを始めよう。

あとがき

2015年、私が買物研究所という部署に異動になったことを聞いた同僚が、半分笑いながらこう言った。「これから店頭で売れる法則をずっと研究するんでしょ？」。

確かに、異動前の私も「買物研究」と言われると正直、店頭をにぎやかしてモノを売るためのコツを考える、くらいのイメージしかなかった。これからどうやって店頭でモノを売るコツを見つければいいだろう、そんな不安を抱いて新たな職場にやってきた。

しかし、この研究所で買物行動の未来予測を始めると、そんなイメージは買物のほんの一部の領域でしかないということに気づかされる。買物を考えるとは、人が生活のなかで「どう選ぶか」について考えることだったのだ。

「選ぶ」と考えたとき、その研究の範囲は非常に広い。人間の生活、さらに人生は「選択」の連続だ。物心ついてから友人、進学先、部活、趣味、就職先、選挙、パートナー……。膨大な選択の繰り返しによって私たちの人生はなり立っている。そう考えると「選ぶ」について考えるとは、買物にとどまらずより大きな人間学的な意味をもつ研究であることがわかり始めた。

そしてこの「選ぶ」ということを考えたとき、私自身が一人の生活者として「選ぶ」ことがどんどんと面倒になり、ストレスになっていることに気づいた。選ぶことが面倒で、欲求はあるにもかかわらず「決める」ことや「買う」ことを保留してしまうことさえあるのだ。

本書の研究は、私のこの素朴な実感から始まっている。この素朴な実感を、買物研究所の高荷力所長、松井博代研究員、吉田汀研究員などとともに仮説として練り上げ、検証することで本書はなり立っている。この分析をまとめた「枠内の攻略」というキーワードはコピーライターの佐藤圭以子氏、「生活欲マーケティング」というキーワードはアクティベーション企画局長（当時）の才田智司氏の賜物だ。また多岐なカテゴリにまたがる27商品を、買物に対する関心や意識から分類するというハードな多変量解析はエム・アール・エス広告調査株式会社の関氏、松本氏、細田氏の協力なくしてはなり立ち得なかった。すべての皆様に深謝したい。また、本書後半の国内先進事例の取材にあたりお忙しい中取材協力をいただいた「ほけんの窓口グループ株式会社」「サトーカメラ株式会社」「株式会社良品計画」の皆様にも心から感謝申し上げたい。

本書を執筆するにあたっては「買物」にフォーカスしたものの、書き終わった今、私には新しい興味が生まれている。情報やモノが増え続ける中で買物以外の私たちの生活はどう変わるのだろうか？　情報爆発のストレスを回避するために「自分にとって心地の良い情報をスマホの中にあらかじめ引き寄せる」行動はすでに生まれている。このような「選ぶ」労力を避ける行動が広がる中での私たちの生活はどこに向かうのか？

おそらくこれからのテクノロジーの進化とともに、自分の心地よい情報に囲まれ、「選ぶ」ストレスは減少し、快適な興味空間に身を置ける世界が到来するだろう。身の回りに不要な不快や摩擦があまりない環境の到来だ。しかし、だからと言って選択のストレスは全くゼロにはならない。例えば、選択のために時に不愉快な議論や摩擦が必要な税・社会保障や政治的決定に関する問題。さらには長時間共にいることで人間関係の摩擦やストレスが避けられない恋愛や結婚生活、育児に対し人はどう対処するようになるのか。

本書で述べたようにおそらくすべての選択を放棄することにはならないだろう。その時にどうやって「心地よく選べる」状況を実現していくのだろうか。

買物についての洞察を深めながら、本書で提示したような「選ぶ」ことの変化が社会・人間生活にどのような影響を与えていくのか、引き続き注視し、機会があればまた提言していきたいと思う。

最後に、新書を書き上げるという初めての試みに並走し、支えていただいた朝日新聞出版の菅原悠吾氏、本書のテーマとなった研究を博報堂社内の多くの提言の中から発掘し、書籍企画へと昇華していただいた博報堂ＤＹメディアパートナーズの細谷まどかプロデューサーに心から感謝申し上げ本書の締めとさせていただきたい。

明日の買物がもっと楽しくなるよう、祈りながら。

２０１８年11月

博報堂買物研究所　山本泰士

【2017年度本書テーマ研究プロジェクトメンバー】
博報堂買物研究所
所長: 高荷力
上席研究員(プロジェクトリーダー・執筆者):山本泰士
主任研究員(サブリーダー):松井博代
研究員: 吉田汀

博報堂買物研究所　はくほうどうかいものけんきゅうじょ
2003年設立。企業の「売る」を生活者の「買う」から考えて、購買行動起点でのマーケティングを実践・提案する研究所。買物行動が変化する時代に深いショッパー理解の下、未来の買物行動予測や、変化に対応するソリューションを提案している。

山本泰士　やまもと・やすし
2003年博報堂入社。マーケティングプランナーとして各種企画を担当。2007年より、こどもごころ製作所プロジェクトに参加し、クラヤミ食堂など体験型コンテンツを企画、運営。2011年より生活総合研究所にて、生活者の未来洞察コンテンツの研究、発表に従事。2015年より博報堂買物研究所で「欲求流去の時代」「ミレニアル家族の新・買物行動」などの買物意識・行動の未来予測を行う。暗闇で良音に包まれる「クラヤミレコード」などの企画・運営にも携わる。
共著に『総子化』、『インフラ友達』、『デュアル・マス』(いずれも博報堂)。

朝日新書
698

なぜ「それ」が買《か》われるのか?

情報爆発時代に「選ばれる」商品の法則

2018年12月30日第1刷発行

著　者　博報堂買物研究所

執筆者　山本泰士

発行者　須田　剛

カバーデザイン　アンスガー・フォルマー　田嶋佳子

印刷所　凸版印刷株式会社

発行所　朝日新聞出版

〒104-8011　東京都中央区築地5-3-2

電話　03-5541-8832（編集）

03-5540-7793（販売）

©2018 HAKUHOUDO Institute of Shopper Insight, Yamamoto Yasushi

Published in Japan by Asahi Shimbun Publications Inc.

ISBN 978-4-02-273785-4

定価はカバーに表示してあります。

落丁・乱丁の場合は弊社業務部(電話03-5540-7800)へご連絡ください。
送料弊社負担にてお取り替えいたします。

メールに使われる上司、エクセルで潰れる部下
利益生むホントの働き方改革

各務晶久

真の働き方改革は単なる時短ではない。じつは営業・事務職場はムダだらけ。上司とのメールのやりとり、エクセルの資料作り……やめるだけで信じられないほど利益が生まれる。大きな投資もAI化も不要、明日からできる目からウロコのオフィス革命の決定版。

漱石山脈
現代日本の礎を築いた「師弟愛」

長尾 剛

「生意気言うな。貴様は誰のおかげで、社会に顔出しが出来たと思うか」（内田百閒が記した弟子に激怒する漱石の言葉）。芥川龍之介・寺田寅彦・小宮豊隆・鈴木三重吉……熱心で純粋な若者たちを一途に愛した漱石と不肖の弟子25人。文壇史上稀にみる強い師弟愛のかたちを描く。

人生の結論

小池一夫

ツイッターフォロワー85万人！『子連れ狼』などの漫画原作者の大家がつづった珠玉の人生訓、完全書き下ろし。人との心地よい距離感の保ち方から、仕事の乗り切り方、愛、そして死のことまで、82歳になってやっとわかった成熟した大人になるということ。

朝日新書

病院のやめどき
「医療の自己決定」で快適人生

和田秀樹

「快適に生きる権利」を無視する病院に、あなたはいつまで通い続けるのか？　処方される薬は「日本人のためのエビデンスが疑わしい」という事実を知っているのか？　大事なのは「医療の自己決定」。ダメ医者の見つけ方など、医学界のタブーをすべて明かす！

50歳からの孤独入門

齋藤 孝

いよいよ「人生の後半戦」という覚悟を迫られる50歳。後悔の念や喪失の不安と、いかに折り合いをつけることができるか？ やがて訪れる「孤独」を、むしろ楽しむにはどうすればよいか？ 古今東西の賢者に学ぶ、齋藤流「後半生をよく生きるメソッド」！

1968年

中川右介

ちょうど50年前、1968年の日本は「昭和の青春」真っただ中。あしたのジョー、少年ジャンプ、黒部の太陽、花の首飾り……。世界の潮流に先駆けて、日本人の情念を変容させた「熱い1年」だ。大衆娯楽に焦点を当て、新世代のエネルギーの奔流を濃密に描く。

政権奪取論
強い野党の作り方

橋下 徹

野党が強くなければ、政権与党はやりたい放題で国民の声は政治に届かず、日本は良くならない。ではどうするか？　「ふわっとした民意」をどうつかむか？「風」だのみでない強い組織をどう作るか？　自称インテリには絶対語れない超・体験的政治原論。

朝日新書

ペットと葬式
日本人の供養心をさぐる

鵜飼秀徳

「うちの子」であるペットは人間同様に極楽へ行けるの？　そう考えると眠れなくなる人も少なくないらしい。この問題に真っ正面から取り組んで現代仏教の役割とその現場を克明に解き明かす。ペット塚は歴史の始まりからあり、現代ではＡＩＢＯだって手厚く供養されている。

ひとりメシの極意

東海林さだお

食事は「ひとり」が一番！　街にあふれるフツーの食い物に宿るシアワセ……。ショージさんの超一級エッセイ！　孤独の時代に、思わずひざを打つ極意とは？　「週刊朝日」連載「あれも食いたい　これも食いたい」からセレクト。「居酒屋の達人」太田和彦さんとの対談も収録。

論破力

ひろゆき［西村博之］

ネットで「論破王」と呼ばれ評判のひろゆきが、究極の議論の作法を全部明かす！　論理的な考え方のキホンから便利なキラーフレーズまで、ビジネスシーンから、日常の人間関係のイライラにまで完全対応。あなたも論破力を身につけ世界を思い通りにしてみませんか？

常識的で何か問題でも？
反文学的時代のマインドセット

内田　樹

政治も役所も企業も学校も誰も責任を取る気配がない日本社会。「事件」が起きるインターバルはなぜこんなにも短いのか？　先の見えない時代をどう生き抜くか？　判断力、教育、グローバル資本主義など「人間の生き方」をめぐって「ウチダ節」が炸裂！

ミッションスクールになぜ美人が多いのか
日本女子とキリスト教

井上章一
郭 南燕
川村信三

局アナ・CA・読者モデルにキリスト教系大学出身女性たちの活躍が目立つ。「美人論」の井上がキリスト教と女性の関係を問題提起。日本のカトリック系女子教育が採った上流階層路線の成功や、日本に流れるキリスト教への憧れを検証する新文化論。

60歳の壁
定年制を打ち破れ

植田 統

60歳の定年後も再雇用の〝捨て扶持〟暮らしに甘んぜず、社会で活躍し続けるための実践的仕事術。54歳でサラリーマンから弁護士に転じた著者がシニア起業の成功例・失敗例を徹底分析し、お金に困らず現役で80歳まで生き抜く戦略を説く。

大学大崩壊
リストラされる国立大、見捨てられる私立大

木村 誠

「大学の劣化」が止まらない！ 疲弊した全国の大学は国立も私立も、多くが崩壊寸前だ。最新データを駆使してその病巣をえぐる。関係者には「不都合な」数値も分析し、危ない大学を明らかにする。OB、受験生、保護者必読。

官僚の掟
競争なき「特権階級」の実態

佐藤 優

高級官僚の異様なまでの忖度力。超エリートとして高い実務能力を持ちながら、なぜ倫理意識の欠如は起こるのか。新自由主義後に現れた「第二官僚」とは何か。「民主主義の迂回路」を形成する政官の実態と思想的背景に迫る。

空き家を活かす
空間資源大国ニッポンの知恵

松村秀一

日本には、空間資源大国だからこそ持ち得る希望がある。空き家・空きビルという貴重な資源を、われわれはどのように活用していけばいいのか？ 全国各地の八つの事例などを通して、人口減少社会の中に希望を見いだす未来志向の方策を提示する。

情報戦争を生き抜く
武器としてのメディアリテラシー

津田大介

ネットの「市井の意見」は本当に世論か、それとも〝業者〟によって作られたものか――。いまや、情報を読み解く力（メディアリテラシー）こそ必須の時代。メディア・アクティビストの著者が説く、新時代のメディア・サヴァイヴ論。

朝日新書

「地方ならお金がなくても幸せでしょ」とか言うな！
日本を蝕む「おしつけ地方論」

阿部真大

お金がなくても地域のつながりや、人情味あふれる商店街があって幸せ。『ALWAYS 三丁目の夕日』の世界が地方にはまだ残っている、というのは「東京の幻想＝おしつけ地方論」にすぎない。格差・貧困・仕事などリアルな地方から、日本の問題が見えてくる。

なぜ「それ」が買われるのか？
情報爆発時代に「選ばれる」商品の法則

博報堂買物研究所

多すぎる商品、複雑化する買い方——情報が多すぎて「買物疲れ」を起こしている現代人にどうやってモノを売る？　勝負のカギは、値段よりスペックより、選ぶストレス軽減！「おススメ」されたい現代人に刺さるメッセージと仕組みづくりを大公開！

ヒトは7年で脱皮する
近未来を予測する脳科学

黒川伊保子

「一生この人と暮らすの？」「定年まで、この会社で働くのか」。すべての悩みは、7年ごとの脳周期によって定められていた！　脳が発する合図をとらえることで、自分の未来、ひいては、世間の流行までも読み解くことができる。ブレを許さぬ驚異の脳科学とは？

軍事の日本史
鎌倉・南北朝・室町・戦国時代のリアル

本郷和人

テレビ出演でもおなじみの本郷先生が軍事史をわかりやすく解説。応仁の乱がダラダラ続いた本当の訳は？　戦国時代、1万人の軍勢の1カ月の必要経費は？　軍事をガラリと変えた秀吉のアイデアや、錦の御旗に隠された真実とは？「戦場のリアル」が見えてくる。